1판 1쇄 발행 2021년 4월 1일

글쓴이	인현진
그린이	오정민
편집	이용혁 박재언 이순아
디자인	문지현 오나경
펴낸이	이경민
펴낸곳	㈜동아엠앤비
출판등록	2014년 3월 28일(제25100-2014-000025호)
주소	(03737) 서울특별시 서대문구 충정로 35-17 인촌빌딩 1층
전화	(편집) 02-392-6901 (마케팅) 02-392-6900
팩스	02-392-6902
전자우편	damnb0401@naver.com
SNS	

ISBN 979-11-6363-332-7 (74400)

※ 책 가격은 뒤표지에 있습니다.
※ 잘못된 책은 구입한 곳에서 바꿔 드립니다.
※ 이 책에 실린 사진은 위키피디아, 셔터스톡에서 제공받았습니다.

도서출판 뭉치는 ㈜동아엠앤비의 어린이 출판 브랜드로, 아이들의 지식을 단단하게 만들어 주고, 아이들의 창의력과 사고력을 키워 주어 우리 자녀들이 융합형 창의 사고뭉치로 성장할 수 있도록 좋은 책을 만들겠습니다.

여자? 남자?
같은 것과 다른 것!

성과 양성평등

글쓴이 **인현진** 그린이 **오정민**

디지털 성범죄,
어떻게
대응할까?

펴내는 글

양성평등이 이루어지려면 어떻게 해야 할까?
성범죄에 노출되면 어떻게 도움을 청해야 할까?

선생님의 질문에 교실은 한순간 조용해집니다. 인내심이 한계에 다다른 선생님께서 콕 집어 누군가의 이름을 부르는 순간 나는 걸리지 않았다는 안도감에 금세 평온을 되찾지요. 많은 사람 앞에서 어떻게 말을 해야 하나 고민해 보지 않은 사람은 없을 겁니다. 사람들 앞에서 자신의 생각을 조리 있게 전달하는 기술은 국어 수업 시간에만 필요한 것이 아닙니다. 학교 교실뿐만 아니라 상급 학교 면접 자리 또는 성인이 된 후 회의에서도 자신의 의견을 분명히 표현할 수 있어야 합니다. 하지만 어디서부터 시작해야 할지 몰라 입을 떼는 일이 쉽지 않습니다. 혀끝에서 맴돌다 삼켜 버리는 일도 종종 있습니다. 얼떨결에 한마디 말을 하게 되더라도 뭔가 부족한 설명에 왠지 아쉬움이 들 때도 많습니다.

논리적 사고 과정과 순발력까지 필요로 하는 토론장에서 자신만의 목소리를 내려면 풍부한 배경지식은 기본입니다. 게다가 고학년으로 올라가서 배우는 수업과 진학 시험에서의 논술은 교과서 이상의 것을 요구합니다. 또한 상대의 의견을 받아들이거나 비판하기 위해서는 의견의 타당성을 검토하고 높은 수준의 가치 판단을 해야 하는 경우가 많은데, 자신의 입장을 분명히 하기 위해서는 풍부한 자료와 논거가 필요합니다.

토론왕 시리즈는 사회에서 일어나는 다양한 사건과 시사 상식 그리고 해마다 반복되는 화젯거리 등을 초등학교 수준에서 학습하고 자신의 말로 표현할 수 있도록 기획

되었습니다. 체계적이고 널리 인정받은 여러 콘텐츠를 수집해 정리하였고, 전문 작가들이 학생들의 발달 상황에 맞게 스토리를 구성하였습니다. 개별적으로 만들어진 교과서에서는 접할 수 없는 구성으로 주제와 내용을 엮어 어린이 독자들이 과학적 사고뿐만 아니라 문제 해결력, 창의적 발상을 두루 경험할 수 있도록 하였습니다. 또한 폭넓은 정보를 서로 연결지어 설명함으로써 교과별로 조각나 있는 지식을 엮어 배경지식을 보다 탄탄하게 만들어 줍니다. 이러한 통합 교과형 구성은 국어를 기본으로 과학에서부터 역사, 지리, 사회, 예술에 이르기까지 상식과 사회에 대한 감각을 익히고 세상을 올바르게 바라보는 눈을 갖는 데 큰 도움이 될 것입니다.

『여자? 남자? 같은 것과 다른 것! 성과 양성평등』은 일반적인 성교육이 아닌, 우리 친구들이 일상생활 속에서 느끼는 남녀 차이와 차별 문제, 성범죄 문제 등을 다양한 예시와 함께 설명하고 있어요. 생물학적인 성(性)과 사회적 성별을 다루는 젠더의 개념, 남녀의 성 역할 문제, 요즘 크게 대두되고 있는 디지털 성범죄 등을 집중해서 다루고 있습니다. 우리 친구들이 이 책을 통해 일상에서 성 인지 감수성을 키우고, 남녀를 구분하지 않고 성 역할에 대해 다양한 토론을 하는 시간을 갖는다면, 이 책의 가치는 충분히 발휘된 것입니다.

편집부

# 차례

펴내는 글 · 4
남자랑 여자는 뭐가 달라? · 8

1장 여자 몸과 남자 몸, 어떻게 달라요? · 11

쌍둥이 남동생이 생겼어요! / 크면 다 안다고요?
여자와 남자, 몸이 어떻게 다를까요? / 2차 성징
소중한 내 몸

토론왕 되기! 성교육, 우리는 뭘 알고 싶어 할까?

2장 여자와 남자가 하는 일은 달라야 하나요? · 35

여자는 분홍색, 남자는 파란색? / 여자와 남자에 대한 고정 관념
여자라서? 남자라서? / 남자 일, 여자 일이 따로 있나요?
다르다는 이유로 차별하면 안 돼요

토론왕 되기! 성 역할, 뭐가 문제일까?

뭉치 토론 만화
여자가 하는 일? 남자가 하는 일? · 63

3장 외모에 관심이 생겼어요 · 71

도레의 비밀 / 예뻐지고 싶어요!
그 애는 누구? / 설희의 비밀
벚꽃은 벚꽃대로, 장미는 장미대로

 토론왕 되기! 사회가 바라는 외모의 기준을 꼭 따라야 할까?

4장 자신을 소중하게 여겨요 · 95

네가 예뻐서 그래 / 도레가 잘못한 게 아니야
넌 소중한 사람이야 / 소중한 나를 지키는 법
초경 파티

 토론왕 되기! 좋아해서 하는 행동과 범죄를 어떻게 구분할까?

어려운 용어를 파헤치자! · 119
성과 양성평등 관련 사이트 · 122
신나는 토론을 위한 맞춤 가이드 · 123

여자 몸과 남자 몸, 어떻게 달라요?

 쌍둥이 남동생이 생겼어요!

학교 수업이 끝나자마자 도레는 헐레벌떡 뛰어서 집에 돌아왔어요. 얼마나 빨리 뛰었는지 숨이 턱까지 차오르고 이마엔 땀이 송송 맺혔답니다. 집에 숨겨 놓은 간식이라도 있냐고요? 간식 말고 더 중요한 게 있다고요.

"엄마, 엄마!"

현관에 신발을 벗는 둥 마는 둥 마루로 올라오자마자 엄마를 불렀습니다.

"쉿!"

부엌에서 나온 할머니가 몇 번이나 손가락을 입에 댔어요. 도레는 고개를 끄덕이며 방 안을 손으로 가리켰어요. 목소리를 낮추고 아주 조심스럽게요.

"뭐 해요?"

"잔다."

"또요?"

"요 때는 원래 자는 게 일이여. 그러니까 조용히 해야 한다."

도레가 집으로 뛰어온 이유! 바로 '둥둥이들' 때문이에요. 둥둥이들이 누구냐고요? 도레의 쌍둥이 남동생들이에요.

할머니는 쌍둥이를 '둥둥이들'이라고 불렀어요. 도레가 처음 들어 보는 노래도 자주 불러 주었지요. 할머니 말로는 '자장가'라는데 도레가 듣기엔 영 이상했어요. 그래도 동생들이 쿨쿨 잘 자는 걸 보면 자장가가 틀림없나 봐요.

도레는 뒤꿈치를 살짝 들고 마루를 살금살금 걸었어요. 문을 열고 살짝 방 안을 들여다보았지요. 쌍둥이들은 엄마 품에 안겨 새근새근 자고 있었어요. 도레는 엄마 옆에 앉았어요. 엄마가 도레의 손을 꼭 잡아 주었어요.

"어서 와. 우리 딸, 배고프지?"

"응, 엄청. 먹을 거 있어?"

"할머니가 간식 준비하시던데. 아빠랑 미파랑 같이 먹어."

미파는 도레의 여동생이에요. 엄마 아빠가 음악을 좋아해서 큰딸 작은딸 이름을 '도레, 미파'라고 이름을 지었어요. 그럼 쌍둥이 이름은 뭘까요?

"얘가 솔라, 얘가 시도인가?"

"아니. 얘가 시도, 얘가 솔라."

"엄만 어떻게 알아? 내 눈엔 똑같아 보이는데."

도레는 진짜 신기했어요. 분명 똑같이 생겼는데 엄마는 척척 맞히니까요! 엄마한테는 쌍둥이를 알아보는 특별한 눈이 있는 걸까요?

 크면 다 안다고요?

할머니는 삶은 옥수수와 고구마를 바구니 가득 담아 도레에게 주었어요. 김이 모락모락 올라오는 걸 보니 방금 전에 삶았나 봐요. 구수하고 달큰한 향이 코끝을 간지럽혔어요.

"공방에 갖고 가서 아빠랑 미파랑 같이 먹어."

아빠와 엄마는 가죽 공방을 운영해요. 가방이나 지갑 등을 직접 만들어 팔지요. 공방 안쪽엔 작은 작업실이 있는데, 도레가 좋아하는 장소예요.

"엄마랑 할머니는요?"

"엄마는 할미가 갖다 줄게."

"다 같이 먹어야 맛있는데."

"엄마랑 할미는 둥둥이 챙겨야지."

"왜 걔네만 챙겨요? 저랑 미파도 있는데!"

"다 큰 녀석이 뭔 소리여. 동생이잖아, 동생."

도레는 입을 삐죽 내밀었어요. 얼마 전까지만 해도 할머니의 사랑은 도레와 미파가 독차지했는데 이젠 쌍둥이한테 뺏겨 버렸어요. 집에서 조금만 뛰어도 "둥둥이 깰라, 조용히 해라." 이런 잔소리를 들어요. 할머니는 도대체 솔라와 시도가 왜 그렇게 좋은 걸까요?

"할머니는 둥둥이가 왜 그렇게 좋아요?"

"내 새끼들이니까 좋지."

"저랑 미파도 할머니 새끼들이잖아요."

도레가 입을 비쭉거리며 말하자 할머니는 어이쿠, 웃고 맙니다.

"그랴, 내 새끼들 맞다. 식기 전에 어여 가서 먹어."

할머니는 도레의 등을 슬쩍 밀었어요. 하지만 도레는 계속 할머니에게 질문을 했답니다.

"솔라와 시도는 남자죠? 여자랑 뭐가 달라요?"

"으……잉? 뭐가 다르냐니?"

"쌍둥이가 남자라서 할머니가 더 좋아하는 거잖아요. 치, 제가 모를 줄 아세요?"

도레는 그동안 쌓였던 섭섭한 마음을 털어놓았어요.

"아이고, 내 손주 새끼들. 아이고, 고추 달고 나왔네. 아이고, 세상에! 할머니가 이러셨잖아요."

도레는 할머니 흉내를 냈어요. 다시 생각해도 자꾸 서운하고 억울한 마음이 드는 도레였어요.

"남자는 여자랑 뭐가 다른데요?"

"몰라도 돼. 크면 다 알아!"

할머니는 또다시 도레의 등을 밀었어요. 말문이 막히면 항상 '크면

다 안다'고 한다니까요.

'치, 난 다 컸는데. 뭘 또 크래.'

도레는 기분이 조금 이상해졌어요. 쌍둥이가 태어나기 전까지 할머니는 '우리 도레', '우리 미파' 하고 노래를 불렀는데 최근엔 이름을 불러 주는 일도 줄었거든요.

도레는 입술을 쑥 내밀고 팔짱을 꼈어요. 할머니가 준 바구니를 들고 아빠가 일하는 공방으로 갈 때도 발소리를 크게 냈어요. 애꿎은 고구마와 옥수수만 손으로 꾹꾹 눌러 댔지요.

성이란 무엇일까?

성(性)이란 한자는 마음 심(心, 忄) 자와 낳을 생(生) 자를 하나의 글자로 만든 것으로, 마음과 몸을 합쳐 인간 전체를 이룬다는 의미예요. 성은 영어로 Sex라고 하는데, 어원은 라틴어 Sexus에서 유래됐어요. 자른다, 나눈다(cut)의 Seco란 동사에서 파생되었지요. 이 말은 모성으로부터 탯줄을 자름으로써 완전한 성이 된다는 뜻으로, 완전하게 탄생된 인간을 의미해요. 정리해서 말하자면, 성이란 남성과 여성으로 태어난 독립된 인간을 의미한다고 할 수 있답니다.

일반적으로 성을 생각할 때 불편하고 말하기 꺼려 해요. 하지만 성은 성관계, 성욕은 물론 한 사람이 성에 대해 가지고 있는 생각, 느낌, 행동 모두를 포함해요. 육체적인 성 행동뿐만 아니라 친밀감, 사랑을 느끼는 감정, 남성다움, 여성다움을 포함하여 성이라고 할 수 있지요.

여자와 남자, 몸이 어떻게 다를까요?

"우와, 진짜 맛있다. 꿀맛이네, 꿀맛!"

도레의 말에 아빠와 미파의 엄지손가락이 위로 척 올라갔어요. 속까지 잘 익은 옥수수와 고구마를 먹으니 방금 전 속상한 기분도 사라졌지요. 그렇다고 궁금한 게 싹 사라진 건 아니에요.

"아빠, 남자랑 여자는 어떻게 달라?"

"응? 그게 무슨 소리냐?"

"둥둥이들은 남자고, 나랑 미파는 여자잖아."

"그렇지."

"엄마랑 할머니는 여자고, 아빠는 남자지."

"그렇지."

"그러니까 여자랑 남자는 뭐가 다르냐고!"

고구마를 크게 한입 삼키던 아빠는 켁켁 기침을 합니다.

"아이 참, 언니는 몇 살인데 그걸 몰라."

"뭐야, 넌 알아?"

도레는 미파 쪽으로 몸을 숙인 채 귀를 쫑긋 세웠어요.

"우리랑 생긴 게 다르잖아."

갑자기 아빠가 더 크게 기침을 합니다.

"무…… 물 좀!"

"아빠, 천천히 먹어야지. 아직 많이 남았잖아."

미파가 어른스럽게 아빠에게 말합니다. 서둘러 물을 마신 아빠는 도레와 미파를 슬쩍 한번 보더니 괜히 옥수수를 만졌다 내려놓고, 고구마를 만졌다 내려놓습니다. 대충 넘긴다고 질문을 그만둘 도레가 아니기에 아빠는 생각이 많아집니다. 도레는 아빠의 등을 콩콩콩콩 두들겨 주

었어요.

"아빠, 한 번에 하나만 먹어. 체해."

도레는 자기 앞에 있던 제일 큰 고구마를 집어 아빠에게 줍니다.

"으응, 그래. 너희도 많이 먹어. 진짜 맛있다. 그치? 아하하."

하여튼 아빠도 참. 어색한 거 너무 티가 난다니까요. 도레는 옥수수를 먹으며 아빠에게 질문 공세를 펼칩니다.

"남자랑 여자랑 생긴 게 어떻게 다른데?"

"그러니까, 그게 말이다……."

도레는 초롱초롱한 눈으로 아빠를 봅니다. 미파도 호기심이 생기는지 아빠를 봅니다. 네 개의 빛나는 눈동자 앞에서 아빠는 어떻게 말을 해야 할지 몰라 쩔쩔맸어요. 아빠한테는 아마 오늘이 태어나서 가장 당황스러운 날일지도 몰라요.

"여자랑 남자랑 어떻게 다른지 아는 게 나쁜 일이야?"

"어? 아, 아니, 나쁜 일 아니야."

나쁜 일이 아니라면서 아빠는 왜 자꾸 땀을 흘리는 걸까요. 왜 자꾸 급하게 고구마만 먹는 걸까요. 옥수수를 한입 가득 베어 물던 미파가 말합니다.

"그니까, 어니, 새이 게 아으다이까."

미파의 입에서 옥수수 알갱이가 튀어나옵니다. 아우, 진짜. 미파의

1장 여자 몸과 남자 몸, 어떻게 달라요?

성격이 급한 건 알아줘야 한다니까요. 밥을 먹다가도 하고 싶은 말이 있으면 큰 소리로 말하는 바람에 밥알이 튀어나온 적이 한두 번이 아니거든요.

"야, 더러워. 다 먹고 말해."

"그니까, 언니. 생긴 게 다르다니까."

옥수수 알갱이를 입가에 묻힌 채 미파가 다시 말했어요. 손으론 고구마 하나를 다시 덥석 쥐었지요. 하여튼, 미파는 진짜 잘 먹어요. 할머니 말로는 '우리 미파는 쇠도 씹어 먹을' 거라나 뭐라나.

"미파 말대로 여자랑 남자는 다른 점이 있지."

아빠는 잠시 생각에 잠기더니 조곤조곤 말해 줍니다. 도레는 아빠의 목소리를 좋아해요. 어릴 때부터 동화책은 꼭 아빠한테 읽어 달라고 했지요. 아빠가 낮은 목소리로 다정하게 말해 주면 잠도 솔솔 오고, 캄캄한 밤도 무섭지 않았어요. 아빠의 목소리를 듣던 도레는 한 가지 생각이 떠올랐어요. 남자와 여자의 다른 점이요. 바로 목소리예요!

도레의 호기심 톡톡!

성과 성별, 그리고 성 역할

우리는 보통 남성과 여성이 분명하게 구분된다고 생각해요. 그러나 요즘은 개인의 성 역할은 고정된 것이 아니라, 사회에 의해 인위적으로 결정된다는 이론을 많이 받아들이고 있어요. 남성과 여성의 성은 생물학적으로 결정되지만, 남성성과 여성성은 문화에 의해 결정된다는 것이지요. 우리가 보통 성(Sex)이라고 하는 것은 생물학적으로 구분하는 것이며, 염색체, 호르몬, 해부학적 특성을 포함해요. 그리고 성별(Gender)은 남성과 여성이 지니는 사회적, 문화적 그리고 심리적 측면을 의미한답니다.

그러므로 성 차이는 서로 다름을 의미하는 말로, 사람마다 다른 취향과 특색을 있는 그대로 인정하는 것이에요. 그런데 이 차이에 일정한 가치와 고정 관념을 부여함으로써 성 차별이 생겨나요. 남성과 여성이 가지는 신체적, 정서적 차이를 말하면 성 차이이지만, 이 차이를 바탕으로 불평등한 대우를 한다면 성 차별을 하는 것이에요.

"아빠, 여자랑 남자는 목소리도 다르잖아."

"그렇지. 다르지."

"얼굴을 안 보고 목소리만 들어도 아, 이건 여자 목소리, 이건 남자 목소리, 알 수 있잖아. 그건 왜 그런 거야?"

아빠가 천장을 올려다봅니다. 뭔가 생각이 많아지거나 대답을 궁리할 때 아빠는 꼭 천장을 봐요. 도레도 미파도 따라서 올려다봅니다. 어쩌면 천장에 몰래 답을 써 놨을지도 모르잖아요. 아빠만 아는 비밀 천장이 있는 걸까요? 도레는 명탐정이라도 된 듯 눈을 가늘게 떴어요.

2차 성징

"아우, 목 아파."

미파가 목을 휘휘 돌립니다. 도레도 미파를 따라서 목을 돌렸어요. 그제야 아빠도 고개를 내리고 도레와 미파에게 눈을 맞췄어요.

"여자랑 남자가 어떻게 다른지 많이 궁금해?"

"응."

"왜 궁금해졌는데?"

"쌍둥이 때문이지."

"쌍둥이? 쌍둥이가 왜?"

"할머니가 쌍둥이만 예뻐하시잖아. 내 새끼들, 고추 달고 나왔네, 이러시면서. 나랑 미파는 요즘 찬밥이야, 찬밥."

아빠가 갑자기 푸하하하 웃음을 터뜨리고는 도레의 머리를 마구 헝클어뜨렸어요.

"쌍둥이는 아기잖아. 어리고 귀여워서 그러지. 할머니는 도레와 미파도 엄청 사랑하셔."

"알아. 아는데, 그래도 좀 짜증 나."

도레는 괜스레 심술을 부렸어요. 아빠가 다정하게 대해 주니까 참았던 마음이 막 올라왔어요. 미파가 태어났을 때도 언니 노릇을 하느라 참을 때가 많았는데, 이제 쌍둥이까지 태어나니까 어리광 따위는 조금도 피울 수 없잖아요. 가끔은 언니나 누나 말고 그냥 '도레'이고 싶을 때가 있단 말이에요.

"남자와 여자는 때가 되면 2차 성징이라는 변화를 겪게 돼. 개인에 따라 다르지만, 보통 남자는 11~13세, 여자는 9~11세쯤에 시작되는데 호르몬이 변화하면서 키가 크고 몸무게도 늘어나지. 몸도 달라지고. 쉽게 설명해 주고 싶은데, 이게 좀 어렵네."

도레는 고개를 끄덕였어요. 궁금한 걸 더 물어보고 싶었지만 미파가 3초 간격으로 눈을 껌벅였어요. 지루하고 졸리고 어렵고 재미없다는 뜻

1장 여자 몸과 남자 몸, 어떻게 달라요?

이었죠. 한 가지만 더 물어볼까 망설이는데 더 이상 참지 못한 미파가 두 손을 번쩍 들었어요. 그리고 우렁차게 외쳤지요.

"그마안! 오늘은 여기까지!"

# 소중한 내 몸

도레와 미파와 아빠는 고구마와 옥수수를 남기지 않고 깨끗하게 먹었어요. 배가 부르니 기분이 좋아졌어요. 아빠가 콧노래를 부르기 시작했어요. 도레와 미파도 따라 불렀지요. 아빠와 함께 콧노래를 부르는 일은 도레와 미파가 제일 좋아하는 거예요. 같은 노래도 혼자 부를 때랑 같이 부를 때랑 달라요. 같이 부르는 게 훨씬 더 신났답니다.

아쉽지만 아빠가 일할 시간이 되었어요. 먹은 자리를 깨끗이 치우고 도레와 미파가 일어났어요. 공방에서 나오기 전, 아빠가 아이들의 손을 잡고 말했어요.

"도레야, 미파야, 아빠에겐 너희가 최고로 소중해. 조금 있으면 너희 몸에 변화가 생길 거야. 놀라지 말고 그땐 엄마 아빠한테 꼭 얘기해 줘야 돼. 알았지?"

"많이 달라져?"

"우와, 우리 변신하는 거야?"

조금 놀란 도레와 달리 미파는 그저 신기하기만 한가 봐요.

"야, 우리가 로봇이냐?"

"변한다며. 그 정도는 되어야지. 아니다. 기왕 변하는 거 슈퍼 영웅처럼 되면 좋겠다."

도레는 어이없어 웃고 말았어요. 동생이지만 미파는 정말 엉뚱하다니까요. 아빠도 껄껄 웃었어요. 하지만 금방 진지한 표정이 되었어요.

"아빠가 한 말 잊으면 안 돼."

도레와 미파는 고개를 끄덕였어요.

"응, 알았어."

"나도."

도레와 미파는 각각 아빠의 왼손 오른손 새끼손가락에 자신들의 새끼손가락을 걸고 엄지 손도장을 꾸욱 찍었어요. 아빠가 팔을 그대로 잡아당겨 두 딸을 가슴에 폭 껴안았어요.

"아이고, 예쁜 것들. 사랑해, 딸들."

아빠는 볼도 부비부비 비볐어요. 도레와 미파도 아빠의 등을 토닥토닥 해 주었어요. 어른이지만 아빠는 토닥토닥 해 주는 걸 좋아해요. 갑자기 뭔가 생각난 듯, 미파가 아빠의 등을 팡팡 쳤어요.

"그러니까 아빠, 게임 좀 그만 해. 거북이 돼."

"거북이? 내가? 누가 그래?"

"할머니도 그러시고, 엄마도 말했잖아. 거북목 된다고. 목 디스크 온다고. 아빠가 아프면 어쩔 건데?"

와우, 미파가 랩이라도 배운 걸까요? 라임까지 맞춰 리듬을 타네요.

"우와와아아! 미파 짱!"

도레는 눈을 동그랗게 뜬 채 박수까지 쳤지만, 아빠는 말없이 볼만 긁적였어요.

"아빠, 내 말 오케이?"

"오케이!"

미파와 아빠가 하이파이브를 했습니다.

"아빠, 알지? 우린 아빠 걱정하는 거야."

도레가 어른스럽게 아빠를 쳐다보고는 양손의 엄지를 척 들어 보였어요.

"아빠는 소중하니까."

"맞아, 소중하니까."

미파도 옆에서 똑같이 엄지를 치켜들었어요. 아빠의 입가가 위로 주우욱 늘어났어요. 피자 치즈처럼 길게, 길게 말이에요. 아빠가 기분 좋을 때 나오는 피자 치즈 미소예요.

"어우, 역시 내 딸들이 최고다!"

아빠는 도레와 미파를 꼬옥 안아 주었어요. 아빠의 따뜻한 품 안에서 도레와 미파는 아빠와 똑같은 미소를 지었어요. 누가 봐도 꼭 닮은, 입가가 주우욱 늘어난 피자 치즈 미소였답니다.

사춘기, 우리 몸은 어떻게 변할까?

성장과 성징의 차이를 알고 있나요? 성장은 자라나는 것(양 또는 질적인 팽창), 성징은 성적으로 나타나는 특징을 말해요. 1차 성징은 출생 시 남성의 음경, 여성의 질과 같이 생식 기관만으로 남녀를 구분 짓는 것을 말해요. 2차 성징은 생식 기관 이외에 성호르몬 작용에 의해 체형, 골격, 근육, 피부, 발모 상태, 유방, 후두 등 남녀의 신체적 특징이 뚜렷해지는 것을 말하지요. 생물학적 관점에서, 2차 성징은 생리적·성적으로 번식할 수 있는 신체적 성숙 단계로 성인의 모습으로 변화해요. 2차 성징으로 성호르몬 수치가 높아지면 사춘기 이전의 모습과 뚜렷한 차이를 보이지요.

남자 2차 성징

- 음낭과 고환이 확대됨.
- 고환과 음낭이 계속 자라면서 음경이 자라기 시작함.
- 정낭 및 전립선이 확대됨.
- 음모가 성장함.
- 수염과 겨드랑이 털이 생김. (음모 성장이 시작되고 약 2년 후)
- 사정이 가능해짐. (일반적으로 청소년기 중반, 12~14세 정도)

남성과 여성 모두 사춘기 호르몬이 증가함에 따라 지성 피부로 변하고, 땀이 증가할 수 있어요. 여드름도 생기고요. 이것은 정상적인 현상으로 얼굴을 포함해 매일 씻는 것이 중요해요.

사춘기 동안 성적 성숙이 시작되는 것이 보통이지만 키와 몸무게에서 급작스럽게 성장하는 '성장 급등' 현상은 사춘기 이전부터 나타나요. 여아의 경우 8세 이전, 남아는 9세 이전 호르몬 분비가 촉진되어 성조숙증이 나타날 수도 있어요. 이것은 일반적인 2차 성징이 아니므로 반드시 병원에 가서 상담을 받아야 해요.

여자 2차 성징

- 첫 변화는 유방의 발달, 유두 주위에 다른 색깔의 피부가 원을 이룸.
- 유두와 유륜이 자라고 2차 성징의 막바지에는 가슴이 둥글어지고 젖꼭지만 자람.
- 처음 음모는 성기 주변의 작은 영역에만 길고 부드러운 털로 이루어져 있으며, 시간이 지나면서 주변으로 퍼지고 점점 검어지고 거칠어짐.

여포 자극 호르몬과 황체 형성 호르몬이 난소의 활동을 자극하며 여성의 대표적인 호르몬인 에스트로겐이 증가하기 시작해요. 유방의 발달은 에스트로겐의 높은 수치를 분명하게 나타나는 것으로 골반을 넓히고 허벅지, 엉덩이 및 가슴의 체지방량을 증가시켜요. 에스트로겐은 또한 자궁의 성장, 자궁 내막의 증식 및 월경 등을 유발합니다. 여자아이들의 사춘기는 보통 만 10~11세 사이에 나타나며 남자아이들에 비해 2년 정도 앞서서 나타나지요.

토론왕 되기!

성교육, 우리는 뭘 알고 싶어 할까?

여러분은 성교육을 언제 받았나요? 또 누구에게 어떤 식으로 받았나요? 엄마, 아빠와 성에 대한 호기심을 자연스럽게 이야기한 적 있나요? 또 학교에서 배운 성교육이 도움이 되었나요? 우리나라에서 성교육은 대부분 학교에서 이루어져요. 우리가 궁금한 건 훨씬 많은데 짧은 시간 동안 선생님이 들려주는 이야기는 정자와 난자가 만나는 이야기, 몽정과 생리, 임신 이야기가 대부분일 거예요. 인터넷에서 접하거나 친구들을 통해서 듣는 이야기가 더 자세하고 도움이 될 때가 있지요.

수업 시간에 궁금한 걸 물어봤다고, 혹시 이상한 질문을 했다고 혼나거나 놀림을 당할까 봐 주저한 기억도 있지 않나요?

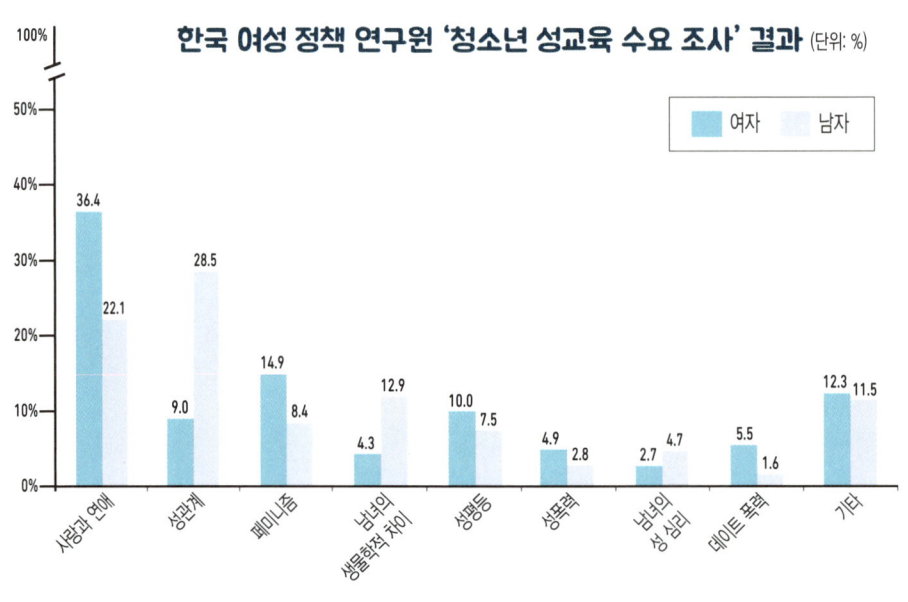

한국 여성 정책 연구원 '청소년 성교육 수요 조사' 결과 (단위: %)

같은 것과 다른 것! 성과 양성평등

실제로 조사를 해 보니, 중학생 10명 중 3명은 '학교 성교육이 도움이 되지 않는다'고 여기는 것으로 나타났어요. 2명 중 1명은 소셜 네트워크 서비스(SNS)와 유튜브에서 성에 대한 정보를 얻고 있다고 응답했지요.

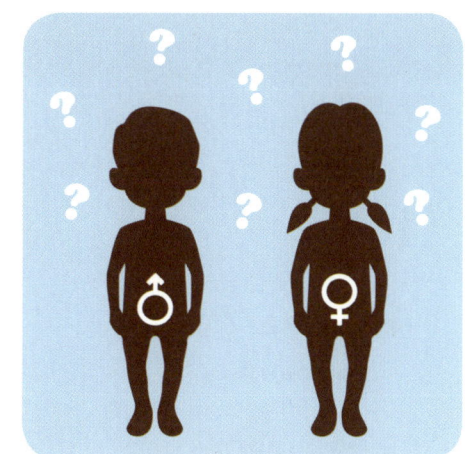

학교 성교육이 도움이 되지 않은 이유(중복 응답)로 '일방적으로 강의만 해서'(34.7%), '필요한 정보를 주지 않아서'(34.4%), '이미 다 알고 있는 내용이어서'(34.3%)라는 응답이 많았다고 해요.

사실 부모님 세대는 대부분 제대로 된 성교육을 받지 못했기 때문에 여러분의 질문에 대충 얼버무릴 수도 있어요. 여러분이 꼬치꼬치 캐물으면 '그런 건 나중에 저절로 알게 돼.'라고 말할 수도 있지요.

중요한 건 여러분이 성에 대해 궁금해하는 건 너무나도 당연한 일이고, 그 부분에 대해서는 정확히 알 필요가 있다는 거예요. 인간은 누구나 성적 호기심을 가지고 있고, 나이가 어리다고 성적 호기심이 없는 것은 아니기 때문이지요.

여러분 스스로 성교육은 어떻게 이루어져야 한다고 생각하나요? 학교나 부모님이 어떤 부분을 자세히 얘기해 주길 원하나요?

O, X 퀴즈

다음 중 남녀 2차 성징에 대한 설명 중 맞는 것은 O, 틀린 것은 X로 표시해 보세요.

1 사춘기 여드름이 잘 나는 것은 호르몬 때문이에요. ○ ✗

2 남자의 경우 2차 성징 때는 사정을 하지 않아요. ○ ✗

3 8, 9세 때 2차 성징이 나타난다면 성조숙증일 수 있어요. ○ ✗

4 음모와 겨드랑이 털은 동시에 생겨요. ○ ✗

5 2차 성징 때 남자는 엉덩이, 허벅지 등에 체지방이 늘어나요. ○ ✗

정답: 1.○ 2.✗ 3.○ 4.✗ 5.✗

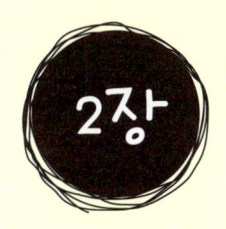

2장

여자와 남자가 하는 일은 달라야 하나요?

 **여자는 분홍색, 남자는 파란색?**

"엄마! 이거 좀 봐. 예쁘다!"
"이것도 예뻐!"

도레는 신이 났어요. 미파 얼굴에도 웃음꽃이 피었어요. 얼마 만의 마트 외출인 줄 몰라요. 그것도 엄마와 함께요.

쌍둥이 남동생들이 태어난 후 도레와 미파는 엄마와 함께 있는 시간이 줄었어요. 집안의 모든 일은 쌍둥이 남동생들 중심으로 돌아갔어요. 제일 변한 사람은 할머니였어요. 입으로는 도레와 미파를 사랑한다고 하면서도 눈으로는 쌍둥이만 봤어요. 도레와 미파에 대한 관심은 줄었으면서도 잔소리는 엄청 늘었지요.

"엄마 귀찮게 하지 마라."

"엄마 놀라게 하지 마라."

"엄마 화나게 하지 마라."

도레가 안방 가까이 다가가기만 해도 '하지 마라'는 말부터 했어요. '마라 마라 마라' 노래를 부르는 것 같았다니까요. 속이 상한 도레는 참지 못하고 할머니에게 짜증을 냈어요.

"마라, 마라, 마라. 내가 마라탕이에요?"

정말이지 속이 풀리려면 마라탕이라도 먹어야 할 것 같았어요. 그것도 가장 매운맛으로요. 그렇게 보낸 날들이 많았기에 엄마와 외출하는 시간이 좋을 수밖에요.

좋은 건 미파도 마찬가지였어요. 쌍둥이가 태어나기 전엔 집안의 '막둥이'로 귀여움을 독차지했는데, 막내 자리에서 밀려난 후 어찌나 서러운지 작은 일에도 눈물이 나곤 했어요.

그래도 도레 언니는 '첫째'라서 그런지 아빠도 엄마도 할머니도 무슨 일이 있을 땐 도레부터 찾아요. 도레 언니는 "왜 나만 쫓아다니냐"고 하지만 도레 언니를 따라 다니지 않으면 너무 심심해요. 집엔 놀아 주는 사람이 없으니까요. 오늘은 엄마 옆에 실컷 있을 수 있으니 생각만 해도 웃음이 났어요.

"여기 들어가 볼까?"

엄마가 먼저 발걸음을 옮겼어요. 아기 옷들을 파는 곳이에요. 앙증맞게 작은 옷들이 걸려 있었어요. 꽃잎처럼 걸려 있는 아기 옷들 앞에서 도레와 미파는 동시에 발을 멈췄어요.

"옷 진짜 작다. 이걸 어떻게 입어?"
"바보. 우리가 입냐? 솔라와 시도가 입지."
"나 바보 아냐. 그리고 솔라와 시도한테 옷이 왜 필요해?"
"그럼 벗고 있어?"

"수건으로 돌돌 말아 두면 되잖아. 어차피 잠만 자는데."

미파는 입술을 삐죽 내밀었어요. 쌍둥이는 집에서도 엄마를 독차지하고 있는데, 여기 와서 옷까지 골라 줘야 하다니. 꼬물꼬물 작은 몸이니 수건으로 돌돌 말고 있어도 괜찮을 것 같거든요.

매장 안에 있던 직원이 다가와서 물었어요.

"어떤 옷을 찾으세요?"

"아, 이제 막 돌을 지났는데요, 쌍둥이 남자애들이에요."

"그럼 이 옷은 어때요? 요즘 인기 많은 옷인데."

"어머, 예쁘다. 얘들아, 어때?"

도레와 미파가 동시에 고개를 흔들었어요. 도레가 말했어요.

"색깔이 파랑이잖아. 맘에 안 들어."

미파도 말했어요.

"나비도 안 달려 있고. 안 예뻐."

두 딸의 강한 의견에 엄마는 쓴웃음을 지었어요. 직원도 당황한 표정이었어요. 조심스레 엄마를 향해 물었어요.

"남자애라고 하지 않으셨어요?"

"맞아요. 쌍둥이 남자애들이에요."

"남자애들한테 어울리는 색깔이랑 디자인인데……."

"그러게요. 얘들아, 이 옷 정말 별로야?"

"응, 분홍색이 아니잖아."

"노랑나비도 없고."

도레와 미파는 서로를 보며 고개를 끄덕였어요. 평소엔 티격태격해도 이럴 땐 손발이 척척 잘 맞는다니까요.

🍲 여자와 남자에 대한 고정 관념

세 사람은 쇼핑을 끝내고 맛있는 냄새가 솔솔 풍기는 도넛 가게 안으로 들어갔어요. 달콤한 도넛과 고소한 우유를 먹으면서 도레는 엄마한테 물었어요.

"엄마, 분홍색은 여자 색이야? 파랑은 남자 색이고?"

"색깔에 여자 남자가 어딨어. 분홍색은 분홍색이고 파란색은 파란색이지."

"그런데 아까 그 언니는 쌍둥이가 남자니까 파란색이 좋다고 했잖아. 우린 분홍색이 예쁘다고 했는데."

"아아, 아이오 어어어 아 에으에."

도넛을 양볼 가득 넣어 먹고 있던 미파가 급하게 끼어들었어요.

"야, 다 먹고 말해!"

미파가 먹던 걸 꿀꺽 삼키더니 다시 말했어요.

"맞아. 나비도 없어서 안 예쁜데."

엄마는 슬며시 웃으며 도레와 미파를 바라봤어요.

"우리 미파는 노랑나비 좋아하지?"

"응!"

"우리 도레는 분홍색 좋아하고."

"응. 분홍색 엄청 좋아."

"엄마도 분홍색이랑 노랑나비 좋아하는데 쌍둥이들은 안 좋아할 수도 있잖아."

"아냐, 엄마가 몰라서 그러는 거야. 쌍둥이도 좋아할 게 틀림없어. 우리 동생이니까."

도레는 확신을 갖고 말했어요. 엄마는 가만히 생각에 잠기는 얼굴입니다. 그러더니 미파에게 물었어요.

"미파는 분홍색이 제일 좋아?"

"음? 아니. 난 노란색이 더 좋아."

"왜? 언니는 분홍색이 좋다는데? 미파는 도레 동생이니까 분홍색을 더 좋아해야지."

"그래도 노란색이 더 좋아. 분홍색 나비는 없잖아."

"미파는 노란색이 더 좋다는데, 도레 생각은 어때?"

도레는 어깨를 으쓱했어요.

"미파가 좋다면 좋다는 거지, 뭐."

"도레 말이 맞아. 미파가 좋다면 좋은 거지. 좋아하는 건 저마다 다른 거니까. 그럼 쌍둥이도 도레가 좋아하는 분홍색을 안 좋아할 수도 있겠네?"

"하지만 쌍둥이가 파란색을 좋아하란 법도 없잖아?"

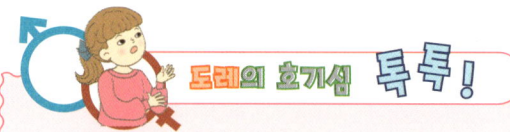

성 고정 관념이란 무엇일까?

"여성은 감정적이고 자기희생적이며 타인과의 관계에서 섬세하고, 남성은 자기주장이 강하고 활동적이고 독립적이다?"

어른들이 이런 말을 하는 걸 들어 본 적 있나요? 하지만 이것은 여자는 이래야 하고, 남자는 이래야 한다는 고정 관념이에요. 물론 옛날 어른들은 이런 생각을 많이 했지요. 사회가 변함에 따라 성 역할에도 변화가 생겼기 때문에 동성 간에도 개인에 따라 차이가 있고, 이성 간에도 개인에 따라서는 비슷한 점이 있어요. 어떤 일이든 여성, 남성 어느 한쪽의 성(性)만이 할 수 있는 일은 임신을 제외하고는 없어요. 남자라고 성욕이 강하고, 여자는 수동적이라는 것도 잘못된 성 고정 관념이지요.

"맞아. 그래서 오늘 옷 사기 힘들었어. 쌍둥이가 뭘 좋아할지 모르니까 분홍색, 노란색, 파란색, 초록색, 골고루 입혀 봐야겠다. 그치?"

도레는 고개를 끄덕였어요. 어쩌면 쌍둥이는 하나의 색이 아니라 무지개색을 좋아할지도 몰라요.

"여자든 남자든 자기가 좋아하는 걸 좋아하면 돼. 그런데 어떤 나라나 사회가 갖고 있는 고정 관념 같은 게 있어. 여자는 이래야 한다든가, 남자는 이래야 한다든가, 하는 것 말이야."

"남자는 씩씩하고, 여자는 상냥하고?"

"맞아. 어머, 그런데 그런 말 어디서 들었니?"

"학교에서 선생님이. 그리고 또, 할머니도 그러시잖아."

엄마는 도레가 눈치채지 못하게 짧은 한숨을 내쉬었어요. 이맛살도 살짝 찌푸려졌지요. 엄마는 뭔가 생각이 많은 눈치였어요. 그때 미파가 집에 가자고 보채기 시작했어요.

"미파가 많이 피곤한가 보다. 그만 집에 갈까?"

도레와 미파는 고개를 끄덕였어요. 얼른 집에 가서 낮잠을 자고 싶었거든요.

 여자라서? 남자라서?

집에 오자마자 도레와 미파는 곤하게 잠이 들었어요. 저녁 먹을 시간까지 쿨쿨 자 버렸지 뭐예요. 잠에서 먼저 깬 사람은 도레였어요. 미파는 다리를 대자로 벌리고 코까지 골았어요.

"하여튼, 얘는 한 번 잠들면 누가 업어 가도 모른다니까."

도레는 쯧쯧, 혀를 차면서도 미파가 차 버린 이불을 끌어다가 배를 덮어 줬어요. 미파가 깨지 않도록 살며시 일어나 방에서 나왔지요. 도레는 푹 자고 일어났더니 배가 고파 먹을 것을 찾아 부엌으로 갔어요. 엄마가 부엌에서 뭘 하는지 분주해 보였어요. 도레는 엄마를 뒤에서 꼭 안았어요.

"엄마!"

"일어났어? 많이 걸어서 피곤했지?"

"괜찮아. 자고 일어나니까 쌩쌩해."

"미파는?"

"아직 꿈나라야. 코 엄청 골아. 땅굴 파는 줄 알겠어."

엄마는 쿡쿡 웃었어요.

"뭐 해?"

"저녁 준비."

"엄마도 피곤할 텐데. 아빠보고 하라고 하지."

"아빠 요리 잘 못하잖아."

"그건 그래. 어? 그런데 아빠 왜 요리를 못하지?"

생각해 보니 이상했어요. 식사 준비는 항상 엄마나 할머니가 했거든요. 아빠가 할 줄 아는 음식은 라면 정도였어요. 설거지는 아빠랑 도레가 자주 했지만요.

"아빠는 요리를 왜 못해?"

"딱히 할 필요성을 못 느껴서?"

"왜 필요가 없어. 배워서 우리 해 주면 되지."

"아니, 도레야. 엄마랑 내가 있는데 아빠가 왜 요리를 배워?"

언제 들어왔는지 할머니가 말했어요.

"할머니도 참. 왜 배우긴요. 요리는 엄마랑 할머니만 하란 법 있나요? 아빠도 할 줄 알면 좋잖아요."

"일하는 남자가 무슨 요리를 해? 원래 집안일은 당연히 여자가 하는 거다."

"그게 왜 당연해요? 일은 엄마도 하잖아요. 엄마는 쌍둥이도 돌보고, 일도 하고, 밥도 하는데."

도레는 숨도 안 쉬고 말했어요. 할머니는 엄마를 위하는 것 같다가도 꼭 결정적인 순간엔 아빠 편을 들었어요. 도레와 미파를 사랑한다고 하면서도 눈으로는 쌍둥이만 보는 것처럼요. 그동안의 설움이 갑자기 폭발했는지 도레는 하고 싶은 말을 계속했어요.

"엄마 오늘 많이 피곤하단 말이에요. 아빠는 집에 있으면서 저녁밥 좀 할 수 있잖아요."

"얘가 왜 소리를 지르고 그런다냐. 도레 엄마야, 나와라. 내가 하마."

엄마는 도레에게 '할머니 모시고 나가'라고 눈짓을 보냈어요. 하지만 도레는 큰 소리로 아빠를 불렀어요.

"아빠! 아빠! 빨리 와 봐!"

"아니, 얘가 왜 아빠는 부르고 그랴."

할머니가 당황한 얼굴로 도레를 보았어요. 엄마는 도레와 할머니를

번갈아 보면서 난처해했지요.

"왜 그래? 무슨 일인데?"

아빠가 부엌으로 들어왔어요.

"왜 우리 집은 엄마랑 할머니가 항상 밥을 해?"

"응?"
영문을 알 수 없는 아빠는 눈만 껌벅였어요.
"왜 집안일은 여자가 하는 게 당연하냐고!"

 남자 일, 여자 일이 따로 있나요?

'도레가 쏘아 올린 작은 공'은 엄마와 아빠의 긴급 대화로 이어졌어요. 조금 늦은 저녁을 먹고 설거지를 마친 후 엄마와 아빠는 얼굴을 마주 보았어요. 궁금한 게 많은 사람은 아빠였어요. 엄마는 오히려 평소와 같은 얼굴이었지요.

"오늘 무슨 일 있었어?"
"일? 무슨 일?"
"도레가 좀 이상하잖아."
"뭐가 이상해. 내가 볼 땐 아주 정상이구먼."
아빠가 엄마를 물끄러미 바라봤어요.
"화났냐?"
"내가? 아니."
"화났네, 화났어. 왜 그러는데."

"그걸 몰라서 물어?"

아빠는 어깨를 으쓱합니다. 여기서 말을 잘못했다간 엄마에게 등짝을 맞을 수도 있다는 걸 알고 있거든요. 엄마는 오늘 쌍둥이 옷을 사면서 있었던 이야기들을 해 주었어요.

"쌍둥이 태어난 이후로 도레랑 미파한테 신경을 많이 못 써 줬잖아. 그러니까 당신도 우리 딸들 좀 잘 챙겨."

"나야 잘 챙기지."

"그렇게 잘 챙길 거면 이젠 당신도 요리 좀 배우든가. 어머니도 쌍둥이 때문에 힘드셔. 밥을 꼭 여자들이 해야겠어? 아빠가 집안일을 자연스럽게 하는 걸 봐야 우리 딸들도 편견 없이 큰다고."

아빠는 말없이 고개만 끄덕였어요. 남녀 차별 없이 키우겠노라 생각하면서도 생활에서 실천하기는 어려운 법인가 봐요. 30분 가까이 대화를 나눈 후 엄마와 아빠는 도레와 미파를 불렀어요.

"아빠가 생각을 해 봤는데 말이야, 앞으로 식사 준비는 아빠도 같이 할게."

"진짜?"

도레의 목소리가 저절로 커졌어요. 그러다 이내 목소리를 낮췄어요.

"할머니가 싫어하실 텐데……."

"아빠가 잘 말해 볼게. 걱정하지 마."

"휴, 다행이다. 난 쌍둥이가 커도 집안일은 나랑 미파랑 엄마랑 할머니만 할 거라고 생각했거든."

"왜 그런 생각을 했어?"

"아빠는 쉬는 날에 게임하고 기타만 치잖아. 엄마는 빨래에 청소에 바쁜데."

"아빤 베짱이야."

미파가 옆에 있다가 한마디 합니다. 아빠는 민망한 마음을 숨기려고 목소리에 일부러 힘을 주었어요.

"아빠도 돕잖아. 설거지도 하고. 쓰레기 분리수거도 하고."

"그건 어쩌다 하잖아. 엄마는 매일매일 집안일 하는데. 같이 사는 집인데 남자 일, 여자 일이 따로 있어?"

도레의 질문에 아빠는 답을 잇지 못했어요.

 다르다는 이유로 차별하면 안 돼요

"듣고 보니 도레 말이 맞네. 아빠가 잘못했다."

"그럼 이제부터 변하는 거지? 약속!"

"그래. 약속."

"우와, 이젠 아빠가 한 밥을 먹어 보는 거야?"

"그렇다니까."

아빠는 도레와 미파의 새끼손가락을 걸고 약속했어요.

"아이고, 이 녀석들. 그렇게 좋냐?"

"좋지, 그럼."

"아빠, 내일 아침엔 뭐 해 줄 거야? 탕수육?"

"아빠, 난 떡볶이!"

"아냐, 닭볶음탕?"

"불고기도 먹고 싶어!"

도레와 미파는 먹고 싶은 것을 말하느라 신이 난 얼굴이었지만 아빠는 그저 쓴웃음만 지었답니다. 엄마는 그 옆에서 웃음을 꾹 참고 있었지요.

"자, 이제 그만 자러 갈 시간이야. 도레랑 미파랑 양치질은 했어?"

"으응, 이제 할 거야."

"밥 먹자마자 닦으라고 했잖아."

"알았어. 지금 갈 거야. 아빠도 이 안 닦았지?"

엄마의 잔소리가 시작되기 전에 도레는 벌떡 일어났어요. 미파도 급히 일어났어요. 아빠도 서둘러 일어났어요.

세 사람이 세상에서 가장 무서워하는 건 좀비도 아니고, 귀신도 아니고, 엄마의 잔소리였거든요.

양치질을 꼼꼼히 한 후 미파는 쌍둥이를 보러 가고, 도레는 아빠와 좀 더 이야기를 나눴어요. 낮에 있었던 일도 자세히 들려줬지요. 아빠는 비록 요리는 못하지만 도레에겐 친구처럼 좋은 대화 상대였거든요. 이야기를 다 듣고 난 후 아빠는 도레의 머리를 쓰다듬어 주었어요.

"그래서 오늘 속상했어?"

"응, 남자랑 여자랑 다르다는 건 알겠는데, 남자는 이걸 해야 한다, 여자는 이걸 해야 한다, 이런 말 들으면 속상해."

"그렇지. 여자랑 남자가 다른 점도 있지만 똑같은 사람이니까."

"맞아. 그런데 왜 할머니는 아까 남자가 요리를 하면 안 되고, 집안일은 여자가 하는 거라고 말씀하신 거야?"

"할머니가 교육을 받았던 시대엔 남녀 차별이 지금보다 심했거든. 남자는 밖에서 일을 하고, 여자는 집안일을 하면서 아이들을 키우는 게 당연하다고 여겼으니까. 남자는 중요한 일을 하는 사람이고, 여자는 그렇지 않다고 생각하는 사람들도 있었지. 여자는 이래야 하고, 남자는 이래야 한다는 고정 관념도 많았고."

도레는 곰곰이 생각했어요. 지금은 옛날과 얼마나 달라졌을까요? 변한 부분도 있지만 그렇지 않은 부분도 있는 것 같았어요.

"엄마랑 아빠가 나보고 여자니까 이건 안 돼, 이건 싫어도 꼭 해, 이렇게 간섭하면 진짜 억울할 것 같아."

"그건 아빠도 마찬가지야. 남자니까 해야지, 이러면 화나니까."

"어? 아빠도 그럴 때가 있었어?"

"그럼. 아빠가 어렸을 때 학교에서 친구랑 싸웠거든. 그런데 선생님이 남자라고 나만 혼낸 거야. 너무 억울해서 막 울었더니 남자가 운다고 또 혼냈어. 되게 창피했어."

"와, 선생님이 잘못했네. 아빠 좀 억울했겠다."

"그럼, 억울했지. 창피하기도 하고. 그래서 나중엔 울고 싶어도 참게 되더라."

도레가 눈을 동그랗게 떴어요.

"아빠도 울고 싶을 때가 있어?"

"딸, 아빠도 감정이 있어. 속상할 때도 있고, 많이 슬플 때도 있어."

도레는 아빠의 등을 토닥여 줬어요. 도레가 아빠가 우는 모습을 본 건 딱 한 번 있었어요.

작년에 할아버지가 돌아가셨을 때였어요. 하지만 도레와 미파에겐

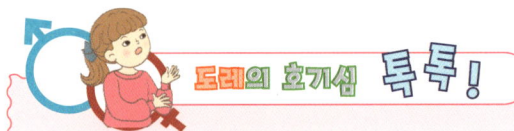

양성평등이 뭘까?

양성평등이란, 성별에 따른 차별, 편견, 비하 및 폭력 없이 인권을 동등하게 보장받고 모든 영역에 동등하게 참여하고 대우받는 것을 말해요(양성평등 기본법 제3조 제1호). 양성평등은 남자와 여자의 두 가지 성이 평등하다는 뜻이고 성평등은 남자, 여자 이외의 다른 성소수자들까지 포함해 평등하다는 뜻이에요.

2017년 여성 가족부 조사에 따르면, 우리 사회가 양성평등하다고 여기는 사람은 5명 중 1명밖에 안 된다는 결과가 나왔어요. 빠른 시일 내에 양성평등한 사회가 올 거라고 생각하는 사람도 5명 중 2명에 불과했지요. 성 역할 고정 관념은 남성보다 여성, 노년보다 젊은층에서 적었어요. 남성의 47.3%는 '남자는 약한 모습을 보여서는 안 된다.'고 생각했지만, 여성은 33.2%만 이처럼 생각했지요.

이처럼 현실에서는 남녀 평등에 대한 차이가 있기 때문에 남성과 여성이 서로 존중하고 배려하는 양성평등 문화가 확산되려면, 사회적인 교육이 지속적으로 이루어져야 해요.

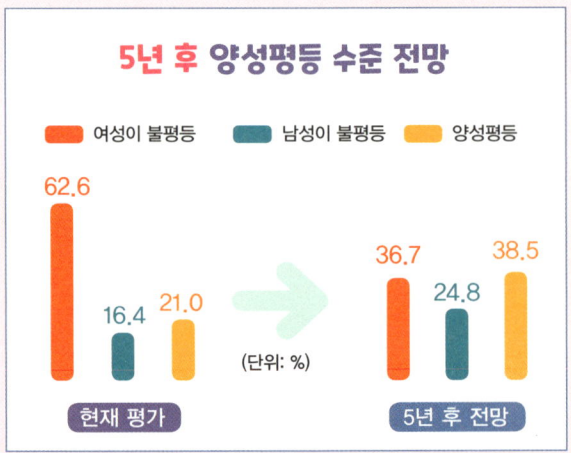

늘 웃는 모습이었지요.

"남자는 감정을 숨겨야 하고, 힘들어도 참아야 한다고 생각하는 것도 오해야. 여자라서 억울한 일도 있지만 남자라서 억울한 일도 있거든. 서로 다른 점을 인정해야지, 다른 점 때문에 차별하면 안 되는 거야."

"만약 억울한 일이 생기면 어떡해?"

"그땐 꼭 아빠나 엄마한테 말해. 우리는 최선을 다해서 도레를 도와줄 테니까."

도레는 고개를 끄덕였어요. 비록 밥은 잘 못하는 아빠였지만 이럴 땐 누구보다 든든하게 느껴졌어요. 아빠에게 안녕히 주무시라는 인사를 하고 도레는 방으로 들어왔어요.

미파는 벌써 잠이 들었네요. 도레는 발밑에 있는 이불을 끌어당겨 미파의 배를 덮어 주었어요. 눈을 감고 미파의 옆에 눕자 어느새 잠이 솔솔 오기 시작했어요. 어느 때보다 많은 일이 있었던 하루였답니다.

양성평등, 다른 나라는 어떻게 지켜지고 있을까?

2018년 국제 구호 개발 NGO인 플랜은 지구상에 그 어떤 나라도 2030년까지 진정한 양성평등을 이룰 수는 없다는 데 세계 리더들이 동의했다고 경고했어요.

모든 사회에서 사람은 태어날 때부터 남자와 여자라는 성에 대한 규범 즉, 행동에 대한 기대와 태도, 가치, 미래의 역할까지 정해진 고정 관념 속에서 살아가요. 독일에서는 남자 3명 중 1명(32%)만이 아내나 파트너를 위한 환경을 조성하는 것이 바람직하다고 생각하고, 스위스 여성은 16%가, 미국 여성은 13%가 그렇게 생각한다고 해요. 양성평등이 잘 지켜지고 있다고 생각되는 국가에서도 다음과 같은 불평등이 존재하고 있어요.

어떤 사회에도 진정한 양성평등이 지켜지는 곳은 없습니다.

스웨덴
22%
과학, 기술, 엔지니어링 분야에서 일하는 여성의 비율

독일
20%
일자리가 부족할 경우 여성보다는 남성이 직업에 더 적절하다고 생각하는 남성의 비율

벨기에
81%
매일 집안일을 하고 요리를 하는 여성의 비율(33%의 남성만이 집안일을 함)

핀란드
23%
대학에서 과학과 기술 관련 공부를 하는 여성의 비율

캐나다
19%
동일한 업무를 해도 남성보다 19% 낮은 금액을 지급 받음

자료: 플랜코리아

2016년 여성 가족부 조사에 따르면, 우리나라는 아직도 '남녀 차별'이 공공연하게 존재한다는 것을 보여 줍니다. 우리나라가 다른 국가에 비해 여성에 대한 차별이 적은 사회라는 의견은 23.4%에 불과했으니까요. 하지만 젊은 남성들의 경우에는 현재 여성 복지 정책이 많이 실행되고 있다고 느끼고 있어요. 오히려 자신들이 차별받고 있다고 생각할 가능성도 있지요.

그래도 실제 설문에 참여한 응답자 대부분은 남성과 여성이 모든 면에서 평등한 권리를 가져야 한다(83.3%)는 데 공감했답니다.

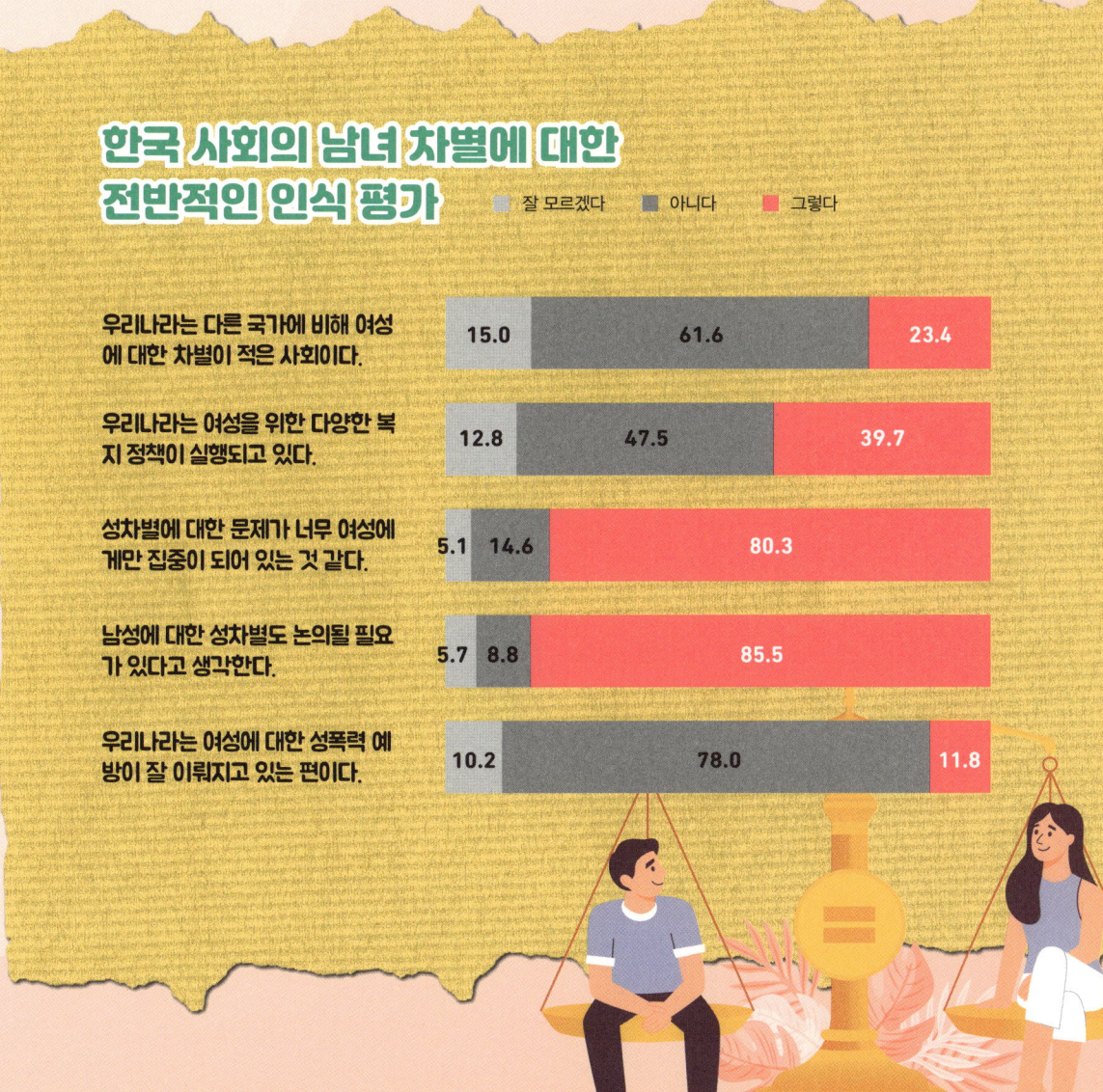

한국 사회의 남녀 차별에 대한 전반적인 인식 평가

잘 모르겠다 / 아니다 / 그렇다

항목	잘 모르겠다	아니다	그렇다
우리나라는 다른 국가에 비해 여성에 대한 차별이 적은 사회이다.	15.0	61.6	23.4
우리나라는 여성을 위한 다양한 복지 정책이 실행되고 있다.	12.8	47.5	39.7
성차별에 대한 문제가 너무 여성에게만 집중이 되어 있는 것 같다.	5.1	14.6	80.3
남성에 대한 성차별도 논의될 필요가 있다고 생각한다.	5.7	8.8	85.5
우리나라는 여성에 대한 성폭력 예방이 잘 이뤄지고 있는 편이다.	10.2	78.0	11.8

토론왕 되기!

성 역할, 뭐가 문제일까?

"남자가 부엌에 들어가면 고추 떨어진다."거나 "암탉이 울면 집안이 망한다."라는 말을 들어 본 적 있나요?

우리는 오래전부터 성 역할 고정 관념에 사로잡혀 왔어요. 어른들은 은연중에 남자와 여자의 역할에 대해 강요하는 말을 많이 해 왔고, 아이들에게도 각자의 성에 맞는 역할을 기대하는 경우가 많았지요. 하지만 이제는 세상이 달라졌어요.

옛날에는 남자들은 바깥일을 하고 여자들은 집안에서 육아나 살림을 하는 경우가 많았어요. 그때는 성 역할에 따라 하는 일이 다르기도 했지만 오늘날에는 여자도 자신의 직업을 갖고 당당하게 일하는 세상이에요.

"남자는 이래야 한다, 여자는 이래야 한다." 등의 말은 성차별적 발언이에요. 그러므로 이런 성 차이로 인한 차별이나 열등감 등을 일으킬 수 있는 행동은 삼가야 해요. 그러기 위해 우리 스스로 성 역할 고정 관념에서 벗어날 필요가 있어요.

> 여자는 힘이 약하기 때문에 힘든 일을 해서는 안 되고,
> 남자는 힘이 세기 때문에 힘든 일을 해야 해.

> 남자는 힘든 일을 하니까 월급을 많이 받아야 하고,
> 여자는 쉬운 일을 하니까 월급을 조금 줘도 돼.

이 같은 말은 모두 성 역할에 대한 그릇된 고정 관념에서 비롯된 것이에요.

이 세상에는 남자라고 해서 못할 일도 없고, 여자이기 때문에 해서는 안 될 일도,

못할 일도 없어요.

고정 관념은 자신의 능력을 발휘할 기회마저 박탈당할 수 있는 그릇된 관념이에요. 남자냐 여자냐 생물학적 차이를 가지고 남녀의 능력이 차이가 난다고 미리 속단해서는 안 된답니다.

예전에는 남자들이 부엌에 들어가 요리를 하면 큰일 나는 줄 아는 사람들이 많았어요. 하지만 요즘에는 남자들도 요리는 기본이고 살림과 육아를 함께하기도 하지요. 성에 따라 하는 일을 가를 것이 아니라, 성과 상관없이 사람들이 하는 일은 평등해야 하고, 또한 개개인의 성향과 능력에 맞는 일을 해야 하지 않을까요?

그동안 여러분이 갖고 있는 성 역할에 따른 고정 관념에는 어떤 것들이 있었나요? 친구들과 한번 이야기를 나누어 보세요.

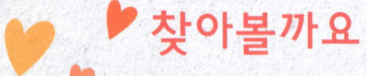 **찾아볼까요?**

다음 중 성 역할 고정 관념을 나타내는 표현이 아닌 것은 무엇일까요?

1. 남자가 왜 이렇게 겁이 많냐?

2. 여자가 왜 이렇게 웃음 소리가 크냐?

3. 암탉이 울면 집안이 망한다.

4. 남자가 왜 이렇게 눈물을 질질 짜냐?

5. 사공이 많으면 배가 산으로 가는 거야.

6. 여자애가 좀 조심히 걸어야지.

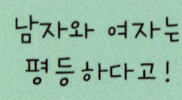

남자와 여자는 평등하다고!

3장
외모에 관심이 생겼어요

 도레의 비밀

"오늘도 일찍 일어났네. 잠꾸러기가 이렇게 갑자기 일찍 일어나니까 이상해."

"뭐가 이상해. 지각도 안 하고 좋지."

도레는 시리얼에 우유를 부은 후 먹기 시작했어요. 엄마가 해 준 토스트도 한 조각 먹었어요. 아침을 든든히 먹고 준비물을 한 번 더 챙기고 집을 나섰어요.

한 달 전까지만 해도 눈도 뜨지 않고 "10분만! 5분만!"을 외치던 도레였는데 언제부턴가 스스로 일어났어요. 엄마와 아빠는 '우리 도레가 달라졌어요'라며 눈짓을 주고받았지요.

도레는 아파트 놀이터에서 설희를 기다렸어요. 설희는 유치원 때부터 도레와 단짝이에요. 도레가 지각할 때 빼곤 매일 아침 학교에 같이 갔지요. 당연히 집에도 같이 왔고요. 그런데 요즘 도레가 학교를 일찍 가는 바람에 설희도 덩달아 일찍 가게 됐답니다.

조금 있으니 손에 바나나를 들고 입에도 바나나를 문 설희가 손을 마구 흔들며 왔어요. 바나나 하나는 도레에게 주었지요. 도레와 설희는 아침 햇살 속에서 바나나를 먹으며 나란히 걷기 시작했어요.

"도레야, 요즘 왜 이렇게 학교 일찍 가?"

"으응? 그냥."

"그냥이 뭐야."

"지각하면 혼나잖아. 혼나는 거 싫어."

"맞아. 혼나는 건 나도 싫어."

도레는 몰래 가슴을 쓸어내렸어요. 조금만 더 자세히 물어봤다면 눈치 빠른 설희가 도레의 비밀을 알아챘을지도 몰라요. 다행히 설희는 더 이상 물어보지 않았어요. 선생님한테 혼나는 건 도레만큼이나 설희도 싫어했거든요.

사실 요즘 도레에겐 누구에게도 말 못 할 비밀이 하나 생겼어요. 엄마한테도 말하지 않았어요. 그동안 엄마한테 못 하는 말도 단짝인 설희에겐 했지만, 이건 설희한테도 말하지 않았어요. 마음속 서랍에 꼭꼭

넣어 두었지요. 설희에게 비밀을 말하고 싶은 마음과 혼자 비밀을 지키고 싶은 마음이 시소처럼 오르락내리락했어요. 마음속 서랍이 하루에 열두 번도 더 열렸다 닫혔지요.

도레의 비밀이 뭐냐고요? 같은 반 남자애 중에 신경이 쓰이는 친구가 생겼지 뭐예요. 그 애만 생각하면 도레의 심장이 갓 나온 팝콘처럼 톡톡 튀었어요. 석 달이나 좋아했던 아이돌 오빠보다 지금은 그 애가 더 좋았어요. 비밀 노트에 몰래 그 애의 이름을 썼다가 누가 볼까 봐 지우기도 했지요. 아직은 아무에게도 말하고 싶지 않았거든요.

'나 혼자 좋아하는 건데, 들키면 창피해.'

그 애의 이름은 김건우. 건우는 보통 학교에 일찍 왔어요. 그래서 도

레도 학교에 일찍 오기 시작한 거예요. 건우는 시끄러운 남자애들과는 어딘가 달랐어요. 욕도 안 하고 옷도 잘 입고 말도 잘했어요. 엄마가 좋아하는 드라마의 남자 주인공처럼 멋있었어요. 여자애들이 건우를 보며 자주 속닥거렸어요. 건우는 도레네 반의 아이돌이었거든요.

 예뻐지고 싶어요!

빅뉴스! 빅뉴스!

사회 시간에 설희가 쪽지를 보냈어요. 궁금증이 생긴 도레도 얼른 답장을 보냈지요.

뭔데?

김건우, 좋아하는 애 있대!

도레는 하마터면 자리에서 벌떡 일어날 뻔했어요. 팝콘 한 통을 전자렌지에 넣고 돌린 것처럼 타타타탁 심장이 뛰기 시작했어요. 재빨리 설희를 바라보았지만 설희는 모르는 척 칠판만 보고 있었어요. 마침 선생님이 이쪽을 바라보았거든요. 도레도 열심히 설명을 들으려고 했지만 귓가엔 메아리처럼 이 말만 맴돌았어요.

김건우, 좋아하는 애 있대! 김건우, 좋아하는 애 있대! 김건우, 좋아……

도대체 그 애가 누군지, 같은 반 애인지, 도레가 아는 애인지 궁금해서 죽을 지경이었어요. 선생님의 목소리는 들리는데 무슨 내용인지 하나도 모르겠어요. 얼른 수업이 끝나고 쉬는 시간이 오기만 기다렸어요. 설희에게 물어보고 싶은 게 너무너무 많았거든요.

도레는 초조하게 시계만 보았어요. 오늘따라 시간은 왜 이렇게 늦게 가는 걸까요. 거북이도 이보단 빠를 거예요. 1분이 1시간 같았어요. 참으려고 해도 자꾸 시계에 눈이 갔어요.

'누군지 물어볼까?'

'안 돼. 설희가 이상하게 생각하면 어떡해.'

'궁금해 미치겠네. 그냥 물어볼래.'

'안 된다니까. 설희가 눈치챘다고!'

도레의 머릿속에서 두 명의 도레가 싸우기 시작했어요. 이쪽 도레는 건우가 좋아한다는 애가 누군지 빨리 알고 싶다고 아우성이었고, 저쪽 도레는 비밀을 들킬 수도 있으니 티 내지 말고 참으라고 했어요. 둘 다 도레의 마음이었지만 누구의 말을 들어야 할지 혼란스러웠지요.

어느새 수업이 끝나는 종소리가 들렸어요. 설희가 소곤소곤 도레에게 귓속말로 속삭였어요.

"완전 궁금하지?"

"누구래?"

"몰라."

"몰라?"

"응. 내 동생이 김건우랑 같은 영어 학원 다니잖아. 근데 같은 반에 되게 예쁜 애가 있대. 건우가 매일 걔랑 말한대."

"그래? 진짜 예쁜가 보다."

"동생이 그러는데 엄청 예쁘대. 연기 학원도 다니고. 텔레비전에도 곧 나온대."

도레의 기분이 오래된 팝콘처럼 눅눅해졌어요. 콩닥콩닥 뛰던 심장이 무겁게 느껴졌어요. 참 이상하지요? 도레의 심장은 도레의 것인데 왜 도레 마음과 다르게 가벼웠다 무거웠다, 콩콩 뛰었다 쿵 내려앉았다, 제멋대로인 걸까요?

건우가 좋아한다는 예쁜 애처럼 도레도 예뻐지고 싶었어요. 갑자기 기분이 우울해졌어요. 배도 아픈 것 같았어요. 이제 막 수업이 시작되었는데, 빨리 집에 가고 싶어졌어요.

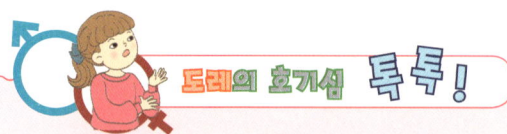

외모에 대한 관심은 잘못일까?

사춘기는 여러 가지 신체적, 심적 변화가 동반되는 시기예요. 특히 자신의 외모와 체형에 대해 민감하게 반응하고 이것은 자존감에도 큰 영향을 미쳐요. 갑자기 여드름이 나는 등 외모가 변하면서 자신을 어색하게 느끼기도 하고, 우울감 때문에 더 못나 보이기도 하지요. 또 연예인들에 대한 지나친 선망, 외모에 대한 사회적 분위기 때문에 여자아이든 남자아이든 스트레스를 받는답니다. 이것은 매우 자연스러운 현상이므로 잘못됐다고 생각할 필요가 없어요. 연예인과 비교할 필요도 없고요. 그렇지만 외모 때문에 너무 고민이 된다면, 부모님이나 친한 친구들과 이야기를 나누는 게 좋아요.

청소년의 외모에 대해 알려진 사실들

청소년의 화장

청소년의 58.5%가 화장을 하고, 절반이 중학교 때 처음 화장을 시작

살쪘다고 생각함

정상 체질량 지수인데도 자신은 살이 쪘다고 생각하고 부적절한 체중 감소를 시도한 적이 있는 학생은 여학생 26.3%, 남학생 16.9%

외모 고민

청소년의 고민 중 두 번째로 높은 고민은 외모(13.1%)

자료: 통계청(2019)

 ## 그 애는 누구?

도레는 점심시간이 되어도 배가 계속 아팠어요. 사실은 한 달 전부터 가끔씩 배가 아팠는데, 그러다가 또 괜찮아지곤 했지요. 배가 아픈데 급식 당번까지 했고, 쉬는 시간마다 남자애들이 시끄럽게 떠들어서 더 배가 아픈 것도 같았어요. 보다 못한 설희가 걱정스럽게 물었어요.

"도레야, 아직도 배 아파?"

"응, 시끄러워서 더 아픈 것 같아."

도레가 책상 위로 엎드렸어요. 배가 아파서 점심을 조금밖에 못 먹었더니 기운도 없었어요.

"야! 너네 조용히 좀 해!"

설희가 남자애들을 향해 소리를 질렀어요. 하지만 조용해지기는커녕 더 소리를 지르며 뛰어다녔어요. 도레는 포기하고 양손으로 귀를 막았어요. 설희는 그냥 물러서지 않았어요. 허리에 양손까지 얹더니 더 크게 소리쳤지요.

"아우, 원숭이들! 시끄럽다니까. 나가라고!"

"뭐래. 너나 나가."

"도레 아프단 말이야. 나가서 놀라고!"

"아프면 보건실 가. 왜 우리한테 난리야."

"너네가 떠드니까 더 아프잖아."

처음엔 설희가 남자애들 중 한 명이랑 말싸움을 했어요. 그런데 나중엔 여자애들과 남자애들의 싸움으로 번졌지 뭐예요.

"너넨 여자도 아냐. 너무 무서워."

"너넨 남자냐? 아유, 수다쟁이들."

"말은 너네가 더 많거든?"

"너네가 하는 말은 다 쓸데없거든?"

"아유 진짜, 저것들이 입만 살아서는."

"왜? 할 말 없어? 더 해 보시지."

여자와 남자, 양쪽으로 나뉘어 한마디도 지지 않았어요. 한참 그렇게 싸우고 있는데 갑자기 교실 문이 드르륵 열렸어요.

"왜 이렇게 시끄러워? 종 친 지가 언젠데."

"선생님, 남자애들 너무 시끄러워요."

"여자애들은 더 시끄러워요."

또다시 싸움이 시작되려고 했어요. 이야기를 듣던 선생님이 손가락을 입에 갖다 댔어요.

"쉿! 1분만 조용히 하자."

선생님의 목소리는 낮았지만 화가 났다는 걸 도레는 금방 알았어요. '1분만 조용히 하자'는 말은 '지금 조용히 하지 않으면 혼난다'는 뜻이었거든요. 하지만 싸움의 열기가 오른 아이들은 입을 다물 생각이 없었어요. 다시 서로를 탓하기 시작했지요.

"1분만 조용히 하자고 했는데."

선생님의 목소리가 아까보다 더 엄격해졌어요. 결국 누가 잘못했는지 가리지 않고 모두 야단을 맞았지요. 혼나면서도 투덜대는 목소리가 들렸어요.

"저흰 억울해요. 먼저 소리친 건 박설희란 말이에요."

설희가 소리 난 쪽을 째려봤지만 말한 사람이 누군지 찾지 못했어요. 수업이 끝나고 나서도 설희는 화가 풀리지 않았는지 씩씩댔어요.

 ## 설희의 비밀

도레는 집에 오는 길에 딸기 맛 하드 하나와 초콜릿 맛 하드 하나를 샀어요. 딸기 맛은 설희가 좋아하는 거예요.

"아까 고마웠어. 괜히 너만 남자애들하고 사이 나빠지겠다."

"괜찮아. 걔들은 내일이면 까맣게 잊고 나한테 숙제한 거 빌려 달라고 할걸?"

설희의 말에 도레는 웃고 말았어요. 자주 있는 일이었거든요. 배도 안 아프고, 하드는 달콤하고, 설희랑 수다를 떨다 보니 기분이 좋아졌어요. 하드를 반쯤 먹었을 때 갑자기 설희가 물어봤어요.

"너, 좋아하는 사람 있어?"

"응? 조, 좋아하는 사람?"

얼마나 놀랐는지 반이나 남은 하드를 툭, 떨어뜨릴 뻔했어요.

'혹시 내가 건우 좋아하는 걸 아나?'

하드를 먹는 척하면서 설희의 얼굴을 힐끗 봤지만 설희는 도레가 놀란 걸 눈치채지 못했나 봐요. 하드가 녹아내릴까 봐 먹는 것에만 신경 쓰고 있었거든요.

도레는 놀란 마음을 애써 누르고 설희에게 물었어요.

"넌 좋아하는 사람 있어?"

"있지. 그런데 이건 비밀이야. 너만 알고 있어야 돼. 꼭, 꼭, 꼭!"

설희는 목소리까지 낮추며 몇 번이나 비밀이라고 말했어요. 도레는 또 한 번 가슴이 쿵, 했어요. 요즘 설희가 건우 옷 잘 입지 않냐, 건우 멋있다, 자꾸 얘기하던 게 생각났거든요.

'혹시 설희도 건우를 좋아하면 어쩌지?'

생각만으로도 도레의 심장이 콩콩콩 뛰기 시작했어요.

"우리 아파트에서 중학교 오빠를 만났거든?"

"중학교 오빠?"

"우리 집 아래층에 사는 오빠가 있는데 나한테 되게 잘해 준다?"

도레는 설희가 좋아하는 사람이 건우가 아니라는 사실에 안도의 한숨을 내쉬었어요.

설희는 한동네 사는 오빠에 대해 신나게 얘기했어요.

"엄청 웃기고 재미있어. 저번엔 선물도 받았다."

"선물? 뭐 받았는데?"

설희는 귓속말로 소곤소곤 얘기해 줬어요. 귓속말을 하는 건 설희의 버릇이에요. 그냥 말로 해도 될 걸 왜 귓속말을 하는지 도레는 알 수 없었지만, 하여튼 설희는 조금만 비밀스러운 이야기가 생기면 꼭 귓속말을 했어요.

"맞다! 다이어트 해야 하는데."

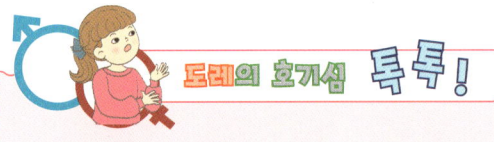

초등학생의 가장 큰 고민은?

최근 한 업체의 설문 조사에 따르면, 초등학생의 가장 큰 고민은 이성 친구 문제라고 해요. 2차 성징이 시작되면, 이성에 대한 호기심이나 좋아하는 마음이 생기는 건 아주 당연한 일이지요. 하지만 이성 친구를 사귀는 걸 일종의 놀이처럼 생각하고 쉽게 여기는 건 바람직하지 않아요. 동성 친구와 사이 좋게 지내기 위해 노력하는 것처럼 이성 친구와도 친구로서의 예절을 지키며 관계를 만들어 나가야 하지요. 무조건 비밀로 하지 말고, 누군가 좋아하는 마음이 생긴다면 엄마 아빠와 함께 이야기를 나누어 보는 것도 좋은 방법이랍니다.

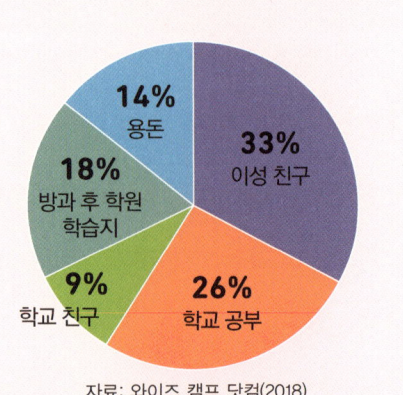

요즘 나의 가장 큰 고민은?

- 33% 이성 친구
- 26% 학교 공부
- 9% 학교 친구
- 18% 방과 후 학원 학습지
- 14% 용돈

자료: 와이즈 캠프 닷컴(2018)

"다이어트?"

"응. 다음에 만나면 옷 사 준다고 했거든. 그거 엄마한테 들키면 안 되는데."

"어떻게 하려고?"

"나도 몰라. 그건 나중에 생각하지, 뭐."

도레는 설희가 은근히 부러웠어요. 설희처럼 자기가 좋아하는 사람에 대해 자연스럽게 얘기할 수 있다면 얼마나 좋을까요. 왜 이 마음을 솔직하게 표현할 수 없는 걸까요.

 ## 벚꽃은 벚꽃대로, 장미는 장미대로

"미파야, 이거 어때?"

"음, 안 예뻐."

"그래? 작년엔 괜찮았는데. 그럼 이건?"

"좀 작은데?"

"어? 작다고? 산 지 얼마 안 됐는데? 그럼 이건?"

도레는 옷장에 있는 옷을 모두 꺼내 입어 보는 중이었어요. 내일 학교에 뭘 입고 갈지 고민이었거든요. 요즘엔 거울을 보는 시간도 부쩍

늘었어요. 미파가 이것저것 입어 보는 도레를 물끄러미 보고 있다가 한 마디 했어요.

"언니, 옷이 문제가 아니야."

"그럼 뭐가 문젠데?"

"언니가 문제지. 살쪘잖아."

미파는 낼름 혀를 쏙 내밀었어요. 도레는 거울을 다시 봤어요. 작년에 딱 맞았던 티셔츠가 조금 작아 보이기도 했어요.

'역시 다이어트 해야 하나?'

방으로 들어온 엄마도 옷을 고르는 도레를 보더니 한마디 했어요.

"아이고, 이게 다 뭐야?"

"엄마, 옷 좀 사 줘. 입을 게 없어."

"이건 옷 아냐?"

"맞는 게 없다고. 이건 미파 입으라고 해."

짜증을 내는 도레를 잠시 보고 있던 엄마가 웃으면서 도레 옆에 앉았어요.

"딸, 갑자기 왜 이렇게 멋을 내? 좋아하는 친구라도 생겼어?"

"그런 거 아냐."

엄마는 눈치가 있는 것 같으면서도 없다니까요. 그렇게 물어본다고 냉큼 대답할 수도 없잖아요. 건우를 좋아하는 건 절대로, 절대로 말하고 싶지 않았어요. 건우는 같은 학원에 다닌다는 예쁜 애를 좋아하잖아요. 저절로 한숨이 나왔어요.

"엄마, 나 좀 뚱뚱하지? 작년에 입던 옷도 다 작아."

"어디 보자. 엄마 눈엔 하나도 뚱뚱하지 않은데. 예뻐."

"아휴, 뭐가 예뻐. 살찌니까 못생겼잖아. 나 다이어트 할 거야."

엄마는 잠시 생각을 하는 것 같았어요. 대화가 필요한 순간이라는 뜻이었지요.

"도레가 예쁘다고 생각하는 사람이 누군데?"

"연예인. 아이돌 가수랑 배우들."

"그래, 예쁘지. 그런데 그 사람들은 자기 외모에 만족할까?"

도레는 인터넷 기사를 떠올렸어요. 외모에 대한 악성 댓글 때문에 괴로워하는 연예인들도 있었어요. 그렇게 예쁜 얼굴과 날씬한 몸을 갖고 있는데 부족하다고 생각하는 아이돌 가수들도 있었지요.

"도레가 자기 몸에 관심을 갖는 건 엄마도 찬성. 그런데 유명한 사람들을 기준으로 삼아서 따라 하진 않았으면 좋겠어. 도레가 좋아하는 꽃이 뭐지?"

"벚꽃. 봄에 피면 진짜 예쁘잖아."

"맞아. 엄마도 벚꽃 좋아해. 그럼 장미꽃은 어때?"

"장미꽃도 예쁘지. 향기도 좋고."

"그렇지? 벚꽃은 벚꽃대로 장미꽃은 장미꽃대로 둘 다 예쁘지. 꽃들마다 향기와 색깔이 달라서 예쁜 것처럼, 도레에겐 다른 사람한테는 없는 도레만의 개성과 매력이 있어. 엄마는 우리 도레가 누구를 닮아서 예쁜 게 아니라 도레이기 때문에 예쁜걸."

엄마가 해 준 이야기는 도레의 마음을 따뜻하고 부드럽게 감싸 주었어요. 엄마는 도레를 꼭 껴안았어요. 그러고는 천천히 미소를 지으며 이렇게 말했지요.

"어질러 놓은 건 지금, 바로, 싹 치워."

도레는 역시 '우리 엄마'라며 어깨를 으쓱했어요.

어린이는 화장하면 안 되나요?

사춘기 때 외모에 관심을 가지는 건 너무나도 자연스러운 현상이에요. 텔레비전에서 예쁘고 멋진 연예인을 보고 나면, 화장을 해서라도 따라 하고 싶은 마음이 들잖아요. 그런데 또래들이 사용하는 값싼 화장품은 독성이 있을 수도 있고, 잘못 사용하면 피부 트러블이 생길 수 있어요. 여드름이 있다면 더 심해질지도 몰라요. 일부 화장품에 포함된 내분비계 교란 물질(환경 호르몬) '프탈레이트'는 성장기의 여자아이한테는 성조숙증, 생리 불순을 일으킬 수도 있고 나중에 아기를 낳지 못하게 될 수도 있어요. 물론 화장품 판매 전에 독성 검사를 하지만, 이건 성인 기준이기 때문에 성장기 아이들에게 악영향을 끼칠 수 있는 거예요. 그러므로 만약 화장으로 멋을 내고 싶다면, 부모님과 상의해서 꼭 안전한 화장품을 구매해서 사용하세요!

이제는 놀랍지도 않은 팩트! 초·중·고생 화장품 사용 실태

전체 초중고생의 **60.9%는 피부 색조** 화장

화장하는 학생의 **52%는 초등학생 때 처음 시작**

37%가 주 1~2회, 33%는 매일 메이크업

"항상 화장한다" 중학생 37.3%, 고등학생 37.6%

자료: 광주대학교 뷰티미용학과 박정연 교수팀

하지만 제일 중요한 건 깨끗하게
잘 씻는 것이 진짜 예쁘고 잘생겨지는 비밀이랍니다.
여러분에게는 외모 말고도 다른 장점이 있으니, 그걸
친구들에게 보여 주는 게 더 좋지 않을까요?
그런데도 너무너무 멋을 부리고 화장을 하고 싶다고요?
그렇다면 화장품 안전 사용 7계명을 꼭 지키도록 해요.

1. 화장품을 사용할 때는 손을 깨끗이 씻어요.
2. 성인용 화장품을 재미 삼아 바르지 않아요.
3. 친구들과 함께 사용하는 것은 위험해요.
4. 바르는 것보다 씻는 것이 더 중요해요.
5. 화장품을 사용한 후에는 뚜껑을 바르게 닫아요.
6. 햇볕을 피해서 서늘한 곳에 보관해요.
7. 화장품의 사용 기한을 꼭 지켜요.

출처: 식품 의약품 안전처

사회가 바라는 외모의 기준을 꼭 따라야 할까?

일반적으로 사람들은 잘생기고 아름다운 것을 좋아하고 못생기고 흉한 것을 싫어해요. 그래서인지 귀엽게 생긴 강아지와 고양이는 좋아하지만, 쥐는 대부분 싫어하지요. 물론 쥐가 전염병을 옮기기 때문에 싫어한다는 말을 하기도 하지만, 쥐와 비슷하면서도 훨씬 귀엽게 생긴 햄스터는 인기가 많아요. 그만큼 우리는 외모를 중요하게 생각하지요. 잘생기고 아름다운 것을 좋아하는 마음, 이것은 인간의 본성일지도 몰라요.

그런데 '아름답다'는 기준은 어떻게 생긴 걸까요? '루키즘'이라는 말을 들어 본 적 있나요? 루키즘(lookism)이란 외모가 개인 간의 우열뿐 아니라 인생의 성패까지 좌우한다고 믿어 외모에 지나치게 집착하는 사회 풍조를 말해요. 우리 말로 '외모 지상주의'라고도 하지요.

우리 사회는 얼굴이 못생긴 사람보다는 얼굴이 잘생긴 사람을 선호하고, 뚱뚱한 사람보다는 날씬한 사람을 선호하기 때문에, 요즘 사람들은 외모를 가꾸는 데 많은 시간과 노력을 기울이고 있어요. 외모에 집착한 나머지 돈과 시간을 들여 성형 수술을 하고 무리하게 다이어트를 하기도 하지요. 부작용으로 병을 얻거나 목숨을 잃는 경우도 뉴스에서 많이 접했을 거예요

하지만 외모는 그야말로 겉으로 보이는 모습일 뿐이에요. 겉모습은 아무리 아름다워도 나쁜 말과 행동을 하는 사람이 아름다워 보이지는 않을 거예요.

미국의 유명한 방송인 오프라 윈프리는 너무 못생겼다며 외모를 꾸미라는 말을 들었대요. 하지만 그녀는 외모보다 뛰어난 말솜씨와 자신만의 매력을 갈고닦아 미국

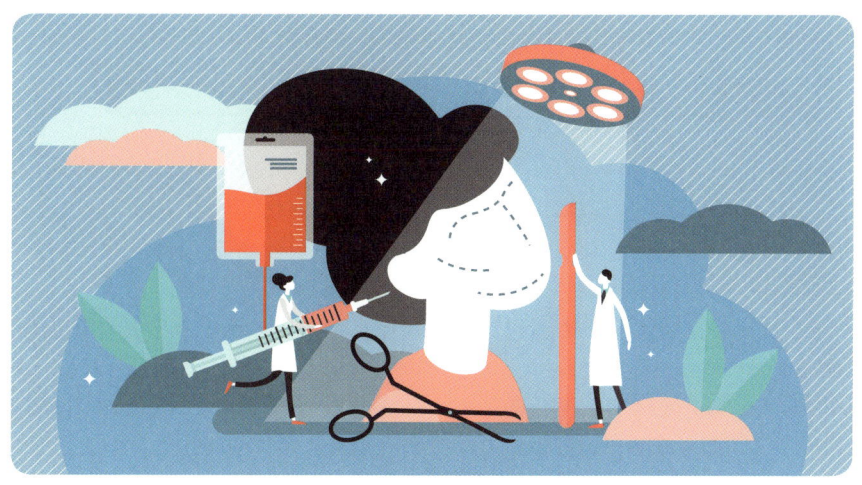

최고의 토크쇼 여왕이 되었죠. 그녀의 외모를 각자 주관적으로 판단할 수 있겠지만, 많은 사람들이 그녀를 멋지고 매력 있는 사람이라고 평가할 거예요.

결국 외모보다 중요한 것은 그 사람의 능력과 매력이에요. 우리는 외모보다는 내면에 있는 인성과 자신만의 매력과 능력을 키워 나가야 해요.

그렇다고 얼굴과 몸매를 가꾸기 위해 운동하고 노력하는 일이 나쁘다는 말은 아니에요. 내 몸의 건강을 위해 운동하고 나만의 자신감을 위해 외모를 가꾸는 것은 괜찮아요. 누구를 따라 하려는 아름다움이 아니라 자신만의 아름다움을 발견하는 일이라면 말이에요.

여러분이 생각하는 '아름다움'의 기준은 무엇인가요?

가로세로 퀴즈

아래 설명을 읽고 빈칸을 채워 보세요. 지금까지 책을 재미있게 읽었다면 쉽게 맞힐 수 있을 거예요.

가로 열쇠
① 양쪽 성별에 권리, 의무, 자격 등이 차별 없이 고르고 한결같음을 말해요.
② 둘 이상의 대상을 각각 등급이나 수준 따위의 차이를 두어서 구별함.
③ 잘 변하지 아니하는, 행동을 주로 결정하는 확고한 의식이나 관념.
④ 성숙한 여성의 자궁에서 주기적으로 출혈하는 현상으로, 2차 성징과 함께 나타나지요.

세로 열쇠
Ⓐ 사춘기 발현의 한계인 8~9세가 되기 전에 성적(性的) 발달이 일어나는 증상을 말해요.
Ⓑ 서로 같지 않고 다름. 또는 그런 정도나 상태를 말해요.
Ⓒ 이른 봄에 싹이 뿌리줄기에서 돋아나는데 꼭대기가 꼬불꼬불하게 말리고 흰 솜 같은 털로 온통 덮여 있어요. 아기 손을 이 식물에 비유하기도 해요.
Ⓓ 어떤 것에 마음이 끌려 주의를 기울임. 또는 그런 마음이나 주의.

정답: ① 양성평등 ② 차별 ③ 고정 관념 ④ 생리 / Ⓐ 성조숙증 Ⓑ 차이 Ⓒ 고사리 Ⓓ 관심

 네가 예뻐서 그래

건우가 좋아한다는 애는 정말 예뻤어요. 놀이터에서 놀다가 설희가 "쟤야, 쟤."라고 알려 줬어요. 얼굴도 작고 팔다리는 길고 인형 같았어요. 엄마는 도레가 세상에서 제일 예쁘다고 했지만, 그건 엄마 눈에만 그런 걸 거예요. 도레는 갑자기 기운이 쭉 빠졌어요.

도레는 휴대 전화를 만지작거렸어요. 가만히 있으면 자꾸 딴생각이 났어요. 슬프기도 하고 짜증도 나고 자기 마음이지만 왜 이렇게 변덕스러운지 알 수가 없었어요. 그나마 재미있는 영상을 보면 마음이 나아졌어요. 그러다 설희가 연락하고 지낸다는 동네 오빠의 친구가 생각났어요. 그 오빠 친구도 설희 같은 여동생이 있으면 좋겠다고 소개해 달라고 부탁했었대요.

'나도 한번 해 볼까?'

두근거리는 마음으로 그 오빠의 SNS에 들어가서 구경했어요. 그리고 개인 메시지로 연락을 했는데, 바로 답장이 오는 거예요. 이런저런 이야기를 하다 보니 시간 가는 줄 모르고 채팅에 빠졌어요.

아주 잠깐만 하고 그만둘 생각이었는데 매일매일 앱을 열었어요. 여기서 알게 된 '오빠'는 도레의 이야기를 잘 들어주었어요. 아무에게도 못 했던 건우 이야기도 마음껏 할 수 있었지요.

'오빠'는 무조건 도레 편을 들어줬어요. 미파에게 짜증 난 이야기를 해도 도레의 기분을 잘 알아줬지요. 엄마 아빠는 잘못한 사람을 가려 혼냈는데, '오빠'는 무조건 도레 편이었어요. 세상에서 나를 제일 좋아하는 사람이 생긴 기분이 들었어요. 하루는 건우가 좋아하는 예쁜 애 이야기도 했어요.

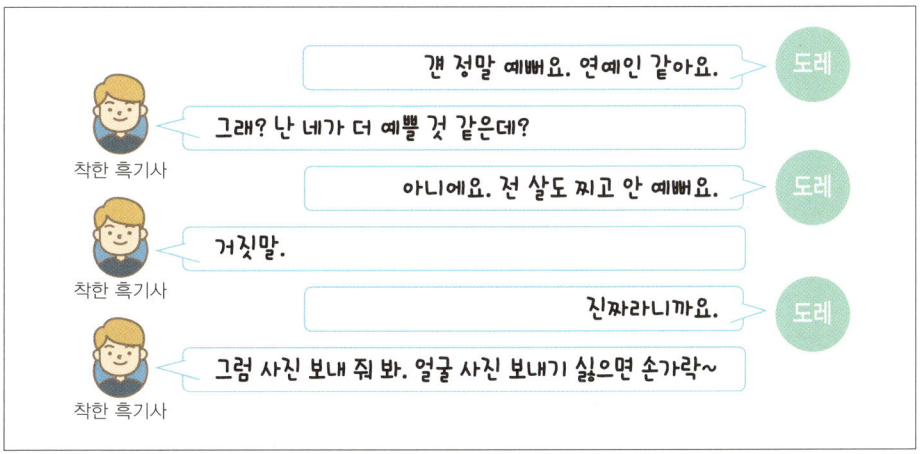

4장 자신을 소중하게 여겨요

　도레는 자기도 모르게 픽, 웃고 손가락 사진을 보내 주었어요. '오빠'는 손가락이 엄청 귀엽다며 팔 사진도 보내 달라고 했어요. 재미 삼아 보내기 시작한 사진은 발가락, 무릎, 다리, 어깨로 이어졌어요.

　'오빠'는 도레가 사진을 보낼 때마다 "귀엽다", "예쁘다", "엄청 좋다"며 폭풍 칭찬을 했어요. 쿠폰 선물도 보내 주고 이름도 물어보고 어디 사냐고도 물었어요. 만나서 맛있는 거 먹자고도 했어요. 도레는 자신을 예쁘다고 해 주는 '오빠'가 그냥 좋았어요. 한번 만나 보고 싶은 생각도 들었지요.

그러던 어느 날, '오빠'가 가슴 사진을 보내 달라고 했어요.

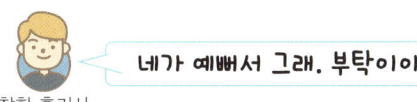

도레는 겁이 덜컥 났어요. 그동안 아무리 잘해 줬다고 해도, 이런 부탁을 하는 건 좀 이상한 것 같았어요.

도레가 사진을 보내지 않자 '오빠'는 계속 말했어요. 자신을 믿지 않냐며 서운하다고도 했지요.

'이럴 땐 어떻게 해야 하지?'

배가 또 아프기 시작했어요. 밥도 먹는 둥 마는 둥 했어요.

엄마랑 아빠는 도레가 기운도 없고 밥도 잘 안 먹어서 걱정하기 시작했지요. 이것저것 물어봤지만 도레는 배가 아프다고만 했어요. 자꾸만 말을 시켜서 짜증도 났지요.

보통 고민이 있어도 하룻밤 자고 나면 잊어버리곤 했는데, 이번 일은 며칠 동안 도레를 힘들게 했어요. 자다가도 깨곤 했어요. 모래주머니를 찬 것처럼 마음이 무거웠어요.

 ## 도레가 잘못한 게 아니야

다음 날 저녁, 엄마가 심각한 얼굴로 통화를 했어요. 짧게 한숨을 쉬기도 하고 목소리를 낮춰 뭔가를 물어보기도 했지요. 누구와 전화하는데 이렇게 심각한 모습일까요?

"네, 저희도 조심시킬게요. 애들이 무슨 잘못이에요. 나쁜 짓 하는 사람이 나쁜 거죠."

엄마는 전화를 끊고 바로 아빠와 방문까지 닫고 한참을 이야기했어요. 잠시 후 엄마와 아빠는 도레를 불렀어요.

전화를 건 사람은 설희 엄마였어요. 설희가 도레에게 선물받았다고 한 옷을 사실 누가 주었는지 알게 된 거예요.

설희 엄마는 도레도 걱정되어서 전화를 해 준 거였어요.

"도레야, 요즘 누가 이상한 사진 보내라고 한 적 없어?"

"응? 이…… 상한 사진? 뭐……?"

"네 몸의 일부를 찍은 사진 같은 거. 팔이나 다리, 가슴 사진…….."

도레의 눈동자가 흔들리는 걸 엄마는 바로 알아차렸어요.

"괜찮아. 혼내려는 게 아니야. 네가 걱정돼서 그래."

"엄마, 사실은……."

도레는 왈칵 눈물이 쏟아졌어요. 엉엉 울면서 그동안 있었던 일을 말했어요. 엄마와 아빠는 도레를 혼내지도 않고 가만히 들어 주었어요. 도레의 휴대 전화에 있던 사진도 보았어요. 엄마가 도레를 힘껏 안아 주었어요.

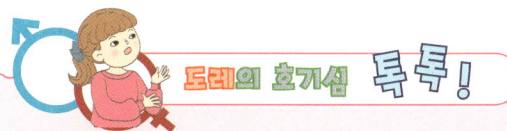

성 문제를 내가 해결할 수 있을까?

우리는 일상생활 속에서 성과 관련된 여러 가지 문제를 접하게 돼요. 정상적이며 자연스러운 현상으로 발생하는 것도 있겠지만, 개인의 왜곡된 성 의식과 성 행동으로 인해 나타나는 심각한 문제도 있지요. 바로 도레처럼 말이에요.

성과 관련된 문제를 접하게 된다면, 두려워하거나 숨기는 것보다 적극적으로 해결하고자 하는 노력이 필요해요. 혼자서 고민하거나 친구들의 의견만을 듣기보다는 부모님 또는 선생님과 대화하거나, 전문가의 도움을 받는 것이 좋아요. 여러분이 잘못했다는 죄책감에 사로잡혀 숨기기만 하면 아무 문제도 해결되지 않는답니다.

아동 청소년 성 문제 등 고민 상담을 받을 수 있는 곳	
1388 청소년 전화	일반 전화 이용 시 ☎1388 휴대 전화 이용 시 ☎지역 번호+1388
cyber 1388	상담 센터 cyber1388.kr
청소년 세계	www.youth.co.kr
서울 해바라기 아동 센터	www.child1375.or.kr
사단 법인 푸른 아우성	aoosung.com
탁틴내일 청소년 성폭력 상담소	www.tacteen.net
청소년 성 상담실	ahsex.org

"도레야, 많이 힘들었지? 네 잘못이 아니야."

"그래. 절대로 도레가 잘못한 게 아니니까 걱정 마. 이제부턴 엄마랑 아빠가 해결할게."

아빠도 도레의 머리를 쓰다듬어 주었어요. 엄마 아빠는 도레가 그동안 얼마나 불안하고 힘들었을지 생각하니 정말 마음이 아팠어요.

그날 밤 엄마는 도레가 잠들 때까지 옆에 있어 주었어요. 아빠는 쌍둥이와 함께 자고, 미파는 할머니와 같이 잤어요. 엄마와 나란히 누워 있으니 다시 아기가 된 것 같았어요. 도레는 작은 목소리로 엄마에게 말했어요.

"엄마, 미안해."

"엄마도 그동안 몰라서 미안해. 그리고 도레가 말해 줘서 고마워."

엄마는 도레의 손을 꼭 잡아 주었어요. 몇 번이고 '도레는 소중한 엄마 딸'이라고 말했어요. 도레는 엄마 손을 잡은 채 잠이 들었어요. 편안하고 깊은 잠이었답니다.

 넌 소중한 사람이야

엄마 아빠는 설희의 부모님도 만났어요. 설희 부모님은 도레와 도레

엄마 아빠에게 몇 번이나 죄송하다고 했어요. 설희도 동네에서 알게 된 '오빠'가 사진을 보내라는 말을 했대요. 이야기를 들어 보니 도레와 비슷했어요. 부모님들은 다 같이 경찰에 신고하기로 했어요.

"도레야, 미안해. 나 때문이야."

설희 눈에 눈물이 글썽글썽했어요. 도레도 덩달아 눈물이 났어요. 두 아이는 앞으로도 무슨 일이 생기면 꼭 얘기하기로 손가락을 걸고 약속했어요.

도레와 설희의 부모님은 학교 담임 선생님과도 의논했어요. 학교 상담실에서 두 아이 모두 심리 상담을 받기로 했어요.

상담 첫날, 도레는 엄마와 함께 갔어요. 상담실 문을 열자 상담 선생님이 반갑게 맞아 주었어요. 도레가 잠깐 기다리는 동안 엄마와 상담 선생님은 도레가 겪은 일에 대해 이야기를 나누었어요. 도레가 어떤 피해를 입었는지, 개인 연락처를 알려 줬는지, 이후에 어떤 조치를 취하고 있는지, 경찰에 신고한 이후 어떤 과정을 거치고 있는지 등의 이야기였지요.

도레와 마주 앉은 상담 선생님은 다정한 말투로 도레에게 여러 가지를 물었어요.

"대답하기 힘들면 안 해도 돼."

도레는 답답했던 마음이 조금씩 편해지는 걸 느꼈어요. 상담 선생님

은 도레가 말하기 어려워하는 감정과 생각을 잘 알아주었어요. 1주일에 한 번씩 상담 선생님을 만나기로 했지요.

첫 상담을 마치면서 선생님은 도레에게 말했어요.

"도레야, 누군가 네 몸을 보여 달라고 하거나 만지려고 하면 무조건 싫다고 해야 돼. 넌 소중한 사람이니까."

'넌 소중한 사람'이라는 상담 선생님의 말이 도레의 마음 깊숙이 스며들었어요. 도레는 고개를 끄덕였어요. 앞으로는 자기 몸을 더욱 소중하게 생각하기로 결심했답니다.

 ## 소중한 나를 지키는 법

"오늘은 여러분에게 아주 중요한 이야기를 하려고 해요."

상담 선생님이 이야기를 시작했어요. 디지털 성범죄에 대한 이야기였지요.

"잘 모르는 어른이 여러분에게 선물도 사 주고 예쁘다고 칭찬도 하면 어떨 것 같아요?"

"칭찬 받으면 기분 좋아요."

"갖고 싶던 선물이면 받아도 되나요?"

상담 선생님의 질문에 반 친구들이 대답했어요. 도레는 누가 이야기를 해도 귀를 기울여 들어주고, 한 명 한 명 눈을 맞춰 주는 선생님이 좋았어요. 고민 끝에 어려운 이야기를 해도 탓하지 않고 잘 들어주었거든요. 아이들이 하는 말을 모두 들은 후에 상담 선생님이 다시 질문했어요.

"그런데 그 어른이 휴대 전화 번호를 알려 달라고 하고, 집 주소를 물어보고, 만나자고 하면 어떻게 해야 할까요?"

"만나는 게 나쁜가요?"

"그냥 만나서 맛있는 것만 먹고 올래요."

"와, 맛있는 거 먹고 싶다. 선생님, 배고파요."

맛있는 거란 말 한마디에 조용하던 반이 갑자기 시끄러워졌어요. 아이스크림이 먹고 싶다, 라면이 먹고 싶다, 피자와 치킨이 먹고 싶다, 각자 먹고 싶은 것을 목청껏 이야기했죠. 상담 선생님은 아이들을 진정시킨 후에 하던 이야기를 이어 갔어요.

"맛있는 거 사 준다고 하면 좋죠?"

"네!"

"나도 그래요. 어른인 선생님도 누가 맛있는 걸 사 주면 좋거든요. 그런데 중요한 건 맛있는 걸 사 준다가 아니라 '누가', '무슨 목적으로' 사 주냐, 하는 거예요. SNS를 통해서 알게 된 사람이 맛있는 걸 사 준다며 만나자고 하거나, 휴대 전화 번호나 집 주소 등 개인 정보를 물어보면 단호하게 "싫어요!"라고 말해야 해요. 그리고 꼭 선생님이나 부모님에게 말해 주세요."

"우리 엄마는 야단부터 칠 걸요? 왜 그랬냐고."

"맞아요. 휴대 전화를 뺏길 수도 있어요."

"SNS나 게임도 못 하게 할 거라고요."

상담 선생님은 맞아, 맞아, 고개도 끄덕이며 친구들의 편에서 같이 생각하고 느껴 주었어요. 그러면서도 선생님은 중요한 이야기를 했어요.

"여러분이 무엇을 걱정하고 있는지 잘 알겠어요. 하지만 더 중요한 건 여러분 자신이 소중하다는 사실이에요. 이렇게 온라인으로 접근하는 사람들은 나쁜 마음을 먹는 일이 많거든요. 소중한 여러분을 지키려면 스스로도 조심해야겠지만, 어려운 일이 생겼을 때 부모님이나 선생님께 도움을 청해야 해요. 혼나는 걸 두려워하지 말고요."

상담 선생님의 진심 어린 말은 아이들에게 잘 전달이 되는 것 같았어

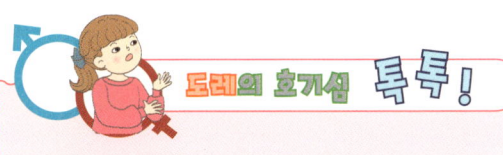

랜덤 채팅, 무엇이 문제일까?

여성 가족부는 2020년 아동 및 청소년 성 착취의 주요 매개체로 활용되었던 랜덤 채팅 앱을 청소년 유해 매체물로 고시하고, 12월 11일부터 시행하고 있어요. 이전에는 별도의 인증 절차가 없었기 때문에 아동이나 청소년들이 호기심에 앱을 설치하고 대화를 나누었다가 성범죄의 피해자가 되는 일이 많았어요. 이런 앱은 단순히 이성 친구를 소개시켜 주는 게 아니라, 성매매를 조건으로 하기 때문에 아동이나 청소년들은 절대 이용해서는 안 돼요. 여러분은 호기심에서라도 절대 이 앱을 설치하지 마세요!

요. 어느새 친구들은 진지한 눈빛으로 이야기를 듣기 시작했거든요. 수업이 끝나 갈 때 도레와 상담 선생님의 눈이 마주쳤어요. 두 사람은 동시에 서로를 바라보며 활짝 웃었어요. 도레의 마음이 막 피어난 꽃처럼 환해졌어요.

 ### 초경 파티

오늘은 도레에게 아주 중요한 날이에요. 식구들도 아침부터 분주했지요. 엄마는 새 옷을, 아빠는 맛있는 케이크를 사 왔어요. 도레의 초경 파티 날이거든요. 얼마 전부터 자꾸 배가 아파서 도레는 몸이 이상한 줄 알았어요. 그런데 초경을 시작하느라 아팠던 거였어요. 도레가 생리를 시작한 것을 알게 된 엄마와 아빠는 도레를 꼭 껴안아 주었어요. 그러면서 축하할 일이니까 가족 파티를 하자고 했지요.

엄마는 도레와 둘이 마주 앉아 생리가 뭔지 찬찬히 알려 주었어요.

"처음이라 배도 아프고 힘들지?"

"응. 아픈 것도 아픈 건데, 좀 부끄러워."

"괜찮아. 자연스럽게 겪는 일이니까 부끄러운 거 아냐."

"엄마는 언제부터 했어?"

"도레랑 비슷한 나이에 했지."

엄마는 그림을 그려 가며 자궁, 난자, 정자 등에 대해 도레가 알기 쉽게 말했어요. 도레는 학교에서도 배운 적이 있었지만 엄마랑 같이 이야기를 나누다 보니 자신의 몸이 더 소중하게 여겨졌어요.

아빠는 솜씨를 발휘해서 저녁 식사를 차렸어요. 그동안 동영상을 보면서 열심히 요리를 따라 하던 아빠는 이젠 제법 맛있는 요리를 척척 만들어 냈답니다. 오늘 메뉴는 도레가 좋아하는 잡채였어요.

맛있는 식시가 끝난 후 아빠가 케이크를 들고 왔어요. 도레가 제일 좋아하는 초콜릿 케이크였지요.

"자, 도레가 주인공이니까 촛불 끌까?"

"잠깐만. 쌍둥이도 있어야지."

"맞다, 맞아. 가족이 다 같이 축하해야지."

엄마랑 아빠가 쌍둥이를 한 명씩 품에 안았어요. 할머니는 미파를 꼭 안았어요. 가족사진을 찍은 후 도레가 힘껏 숨을 불었어요. 케이크의 촛불을 단번에 껐답니다. 촛불이 꺼지자마자 엄마, 아빠, 할머니, 미파가 손뼉을 쳤어요. 쌍둥이도 앙증맞은 손을 휘휘 휘둘렀지요.

그동안 많은 일들이 있었지만 도레는 가족의 도움으로 무사히 그 시간을 잘 보냈어요. 마음고생을 한 적도 있지만 엄마와 아빠가 든든하게 도레의 편이 되어 주었지요. 할머니도 도레가 속상해할 때마다 "내 새끼, 괜찮다. 할미가 있으니 괜찮다."고 했지요. 담임 선생님도 상담 선생님도 도레가 기운을 낼 수 있도록 따뜻하게 대했어요.

"어아, 아오 아으에 오으아이 애우으 어야?"

미파가 케이크를 듬뿍 퍼먹으면서 말했어요. 입가에 크림을 잔뜩 묻히면서요.

"다 먹고 말해."

"엄마, 나도 다음에 촛불 잔치 해 주는 거야?"

"그럼. 다음번엔 우리 미파 차례지."

미파가 신난다며 아까보다 더 큰 케이크 조각을 입에 넣었어요. 도

레도 입안 가득 케이크를 넣었지요. 초콜릿이 사르르 입안에서 녹았어요. 달콤한 케이크를 나눠 먹던 식구들의 입가에도 미소가 번졌어요. 입가 끝까지 쭈욱 늘어나는 피자 치즈 미소였답니다.

디지털 성범죄가 뭐예요?

스마트폰 사용자가 늘면서 촬영도 언제 어디서든 쉽게 할 수 있게 되었고, 영상을 주고받는 것 또한 쉬워졌어요. 아마 어린이 여러분 중에도 최신 스마트폰을 갖고 있는 친구들이 많을 거예요. 이러다 보니, 디지털 성범죄도 같이 늘어나고 있는 추세예요. 온라인상으로만 이루어지는 활동이 많기 때문에 자신도 모르게 범죄를 저지를 수도 있고, 피해자가 될 수도 있어요. 그러므로 온라인상에서도 행동을 조심해야 해요.

디지털 성범죄란, 디지털 기기를 이용하여 개인의 인격권과 성적 자기 결정권을 침해하는 모든 행위를 말해요. 온라인에서 상대방의 동의 없이 개인 정보를 유출한다거나 상대를 몰래 촬영하여 퍼뜨리는 것은 분명한 범죄 행위예요. 온라인에서 성적으로 괴롭히는 것도 범죄고요.

디지털 성범죄는 SNS 등을 이용하여 영상·사진·문자 등이 불특정 다수에게 쉽고 빠르게 전파되는 특성을 갖고 있어요. 그러다 보니 한번 전파가 이루어지면 이를 모두 삭제하는 데에는 많은 노력과 시간이 요구돼요.

사방으로 전송된 불법 자료들이 전부 삭제된다는 보장도 없기에, 피해자는 심리적으로 더욱 고통받게 되지요. 그러므로 모르는 사람과 함부로 연락을 주고받지 않는 것이 중요해요. 아는 사람이라도 여러분의 신체 일부를 사진으로 찍는 행동에 동의해서는 안 돼요. 조금이라도 이상한 느낌이 있다면 바로 부모님이나 선생님과 상의하도록 해요.

디지털 성범죄 검거 현황 (전국)

총 368건에 연루된 309명 검거(43명 구속)

- 소지자 140명
- 유포자 103명
- 운영자 66명

출처: 경찰청, '20. 4. 16 기준

디지털 성범죄 미성년자 피해 지원

Q. 미성년자가 주로 경험하는 디지털 성범죄 피해는?

A. 디지털 성범죄는 다양한 플랫폼에서 빈번하게 발생하며, *다양한 방법으로 피해를 경험합니다. 특히 미성년자 피해자의 경우 부모 등 지인에게 알려지는 것에 대한 두려움이 커서 초기 대응이 늦고, 그로 인한 피해가 반복, 지속, 확대되는 경향이 있으므로 이에 대한 적극적인 지원과 예방을 위한 정보 제공이 필요합니다.

*경찰 사칭 등을 통한 협박, 그루밍, 온라인 채팅에서 문화 상품권 등을 통한 유인 및 협박, 소셜 미디어나 메신저 프로필에 올린 일상 사진을 다운로드하여 합성하거나 부적절한 글과 게시 등

Q. 미성년자 피해자가 부모 등 보호자의 동의 없이도 삭제 지원을 신청할 수 있나요?

A. 미성년자라 할지라도 피해 당사자가 *피해 촬영물 삭제 요청시 삭제 지원 가능합니다. 누군가에게 알리지 않고도 지원 신청을 할 수 있고, 빠른 삭제 지원이 유포 피해를 최소화할 수 있습니다.

*영상, 사진, URL, 게시글 제목, 유포 게시물 캡쳐본 등
*신청 가능한 대리인: 법정 대리인, 피해자 가족(직계 친족, 형제자매)

토론왕 되기!

좋아해서 하는 행동과 범죄를 어떻게 구분할까?

그루밍(Grooming)은 '길들이다'라는 뜻으로, 경제·심리적으로 취약한 사람에게 호감을 얻거나 돈독한 관계를 만든 뒤 성폭력을 저지르는 성범죄를 말해요. 그루밍 성범죄는 10대 아이들에게 발생하는 경우가 많아요.

아동·청소년 성폭력 상담소를 운영하는 '탁틴내일'이 그루밍 사례와 관련한 설문 조사(2014년~ 2017년 6월)를 한 결과, 그루밍에 의한 성폭력 사례는 43.9%에 이르는 것으로 나타났어요. 그루밍 피해 당시 연령은 14~16세가 44.1%로 가장 많았고, 11~13세도 14.7%에 달했지요.

게다가 그루밍 성범죄는 우리 친구들이 자주 다니는 교회나 학원, 학교 등에서 아는 사람을 통해 이루어져요. 평소 잘 지내던 어른들과 함께 있으면서 벌어지기 때문에 친구들은 정확히 범죄라고 생각하지 않을 수도 있어요. 한참 지나서, 어른이 되어서야 그것이 성폭력이었다는 걸 깨닫고 뒤늦게 마음의 병을 얻을 수도 있는 게 문제랍니다.

이런 그루밍 성범죄에 우리 친구들이 어떻게 대처할 수 있을까요?

일단 당황하지 말고 침착해야 해요. '내가 괜히 이런 문자를 주고받았나?' 하면서 죄책감을 느낄 필요 없어요. 여러분은 엄연히 피해자니까요. 그리고 사진이나 돈을 보내 주어도 안 되고, 여러분에 대한 정보도 절대 알려 주지 마세요. 상대방이 보낸 출처를 알 수 없는 링크에도 접속하지 말고요. 그리고 이런 대화 내용을 캡처해서 보관한 다음 부모님이나 선생님에게 알리는 거예요.

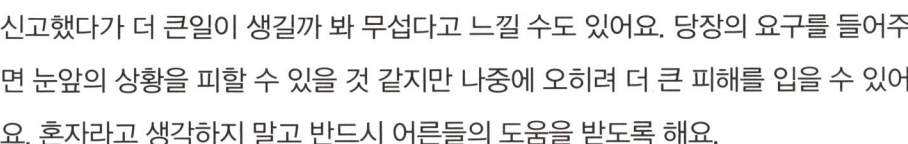

신고했다가 더 큰일이 생길까 봐 무섭다고 느낄 수도 있어요. 당장의 요구를 들어주면 눈앞의 상황을 피할 수 있을 것 같지만 나중에 오히려 더 큰 피해를 입을 수 있어요. 혼자라고 생각하지 말고 반드시 어른들의 도움을 받도록 해요.

어린이는 디지털 성범죄에 더 취약할 수밖에 없어요. 이런 범죄에서 우리 어린이들이 스스로를 지킬 수 있는 방법은 없을까요? 친구들과 함께 이야기를 나눠 보세요.

골라 볼까요?

다음 중 디지털 성범죄의 수법이 아닌 것은 무엇일까요?

1 너한테 선물을 보내려고 하는데, 주소랑 전화번호 알려 줄 수 있어?

2 우리 이 정도면 친해졌지? 네 얼굴 좀 사진 찍어서 보내 줄 수 있니?

3 만약 신고하면 내가 널 가만두지 않을 거야!

4 나랑 연락 끊으면 그동안 너랑 주고받은 문자 내용이랑 사진, 학교에 다 뿌려 버릴 거야!

5 너 정말 잘생겼다. 내가 아는 연예 기획사 소개해 줄 테니, 사진 좀 찍어 보내 줄래?

6 문화 상품권 보내 줄 테니까 다른 친구들 사진도 찍어서 보내 줄래?

> 정답: 이 문제는 정답이 없어요. 6가지 모두 해당돼요. 모르는 사람에게 연락이 오거나 돈을 받고 사진을 찍어달라고 하면 무조건 경찰에 신고하세요!

> 어려운 용어를 파헤치자!

개인 정보 개인에 관한 정보. 곧, 성명·주민 등록 번호 등으로 해당 개인을 식별할 수 있는 정보.

그루밍(Grooming) 성범죄 경제·심리적으로 취약한 사람에게 호감을 얻거나 돈독한 관계를 만든 뒤 성폭력을 저지르는 성범죄를 말해요.

디지털 성범죄 디지털 기기 및 정보 통신 기술을 매개로 온·오프라인상에서 발생하는 성범죄를 말해요.

랜덤 채팅 온라인에서 말 그대로 무작위로 연결해 서로 대화할 수 있도록 만든 앱. 2020년 12월부터는 미성년자는 가입할 수 없도록 했어요.

성(性) 남성과 여성, 수컷과 암컷의 구별. 또는 남성이나 여성의 육체적 특징을 가리켜요.

성범죄 강간·강제 추행 따위의, 성에 관련된 범죄를 말해요.

성별(Gender) 생물학적 성이 아니라 사회적·문화적 의미의 성을 가리키는 말이에요. '성별'을 뜻하는 또 다른 단어인 섹스(Sex)는 생물학적 성의 구분, 젠더(Gender)는 사회적 성의 구분을 의미하지요.

성 역할 한 사회나 문화 내에서 남성 또는 여성으로서 따르게 되는 전형적인 역할이나 행동 양식을 말해요.

성징 남녀나 암수를 구별하는 신체적 특징. 남녀 생식기의 차이를 제1차 성징이라 하고, 남자는 수염이 나고 목소리가 변하며, 여자는 유방이 커지는 등의 차이를 제2차 성징이라고 해요.

성 착취 성행위나 이와 비슷한 행위를 강제로 하는 걸 말해요. 이것을 통해 이익을 취하는 것도 성 착취이고 범죄 행위랍니다.

쌍둥이 한 어머니에게서 한꺼번에 태어난 두 아이를 말해요. 하나의 난자와 하나의 정자가 결합하여 생긴 쌍둥이는 일란성 쌍둥이라고 하며, 이때 쌍둥이는 반드시 동성(同性)이고 생김새나 성격이 매우 비슷해요. 이란성 쌍둥이는 동일한 배란에서 나온 두 개의 난자가 각각 수정하여 생긴 쌍둥이예요. 동성일 경우도 있고 이성일 경우도 있으며, 체격·체형도 일란성 쌍둥이의 경우와는 달리 꼭 닮지 않는답니다.

양성평등 성별에 따른 차별, 편견, 비하 및 폭력 없이 인권을 동등하게 보장받고 모든 영역에 동등하게 참여하고 대우받는 것을 말해요.

월경 성숙한 여성의 자궁에서 정기적으로 며칠 계속하여 출혈하는 생리 현상. 생리, 달거리, 멘스라고도 해요. 2차 성징과 함께 처음 월경을 시작하는 것은 '초경'이라고 하지요.

자궁 여성 생식기인 수란관의 일부가 변화한 근육질의 기관으로, 태아가 착상하여 자라는 곳이지요.

차별 둘 이상의 대상을 각각 등급이나 수준 따위의 차이를 두어서 구별하는 것이에요.

채팅 컴퓨터의 네트워크를 통해, 다른 장소에 있는 여러 사용자가 모니터 화면을 통하여 말이나 글로 대화를 나누는 일.

프탈레이트 플라스틱이나 폴리염화 비닐을 부드럽게 하기 위한 가소제로 쓰이는 화학 물질이에요. 장난감, 향수 용매, 가정용 바닥재 따위에도 광범위하게 사용되고 있지요. 어린이가 프탈레이트에 노출되면 성조숙증이 올 수도 있으니 조심해야 해요.

호르몬 동물의 내분비샘에서 분비되는 체액과 함께 체내를 순환하여, 다른 기관이나 조직의 작용을 촉진, 억제하는 물질을 통틀어 이르는 말이에요. 동물의 생식샘에서 분비하는 호르몬은 성호르몬이라고 하는데, 정소에서는 남성 호르몬이, 난소에서는 여성 호르몬이 분비되며, 모두 뇌하수체 생식샘 자극 호르몬의 영향을 받아 생식 기관의 발육, 기능 유지, 제2차 성징의 발현, 발정 따위에 관여해요.

성과 양성평등 관련 사이트

여성 가족부 www.mogef.go.kr
여성과 청소년, 아동의 인권을 보호하기 위해 활동하는 정부 부처예요. 유해 환경으로부터 청소년을 보호하는 내용과 아동 및 청소년 성범죄 예방과 처벌 내용 등을 자세히 살펴볼 수 있는 곳이지요.

한국 양성평등 교육 진흥원 www.kigepe.or.kr
성 인지 교육 및 양성평등 문화 확산을 위해 다양한 교육을 실시하고, 실생활에서 도움이 되는 양성평등 자료를 찾아볼 수 있어요.

서울 해바라기 센터 www.help0365.or.kr
성폭력, 가족 폭력, 성매매 피해자에 대해서 365일 24시간 상담을 해 주어, 피해자를 위기 상황에서 지원하기 만든 곳이에요. 아동 및 청소년들이 일상에서 어떤 성폭력의 위험에 노출되어 있는지 다양한 사례를 알려 주고 있지요.

한국 여성 인권 진흥원 www.stop.or.kr
여성 폭력 예방과 근절, 폭력 피해자에 대한 지원을 위해 만들어진 곳이에요. 특히 여성이 일상에서 어떤 폭력에 노출되어 있는지 다양한 정보를 제공하고 있지요.

신나는 토론을 위한 맞춤 가이드

도레와 함께 알아본 양성평등, 이제 자신있게 말할 수 있나요? 또 우리가 일상에서 만나게 되는 다양한 성폭력 문제에 대해서도 여러분의 의견을 잘 전달할 수 있을 것 같나요? 토론을 잘하려면 올바른 지식과 다양한 정보가 바탕이 되어야 해요. 책을 다 읽고 친구 또는 부모님과 함께 신나게 토론해 봐요!

잠깐! 토론과 토의는 뭐가 다르지?

토론과 토의는 모두 어떤 문제를 해결하기 위해 의견을 나누는 일입니다. 하지만 주제와 형식이 조금씩 달라요. 토의는 여러 사람의 다양한 의견을 한데 모아 협동하는 일이, 토론은 논리적인 근거로 상대방을 설득하는 일이 중요합니다. 토의는 누군가를 설득하거나 이겨야 하는 것이 아니기 때문에 서로 협력해서 생각의 폭을 넓히고 좋은 결정을 내릴 때 필요해요. 반면 토론은 한 문제를 놓고 찬성과 반대로 나뉘어 서로 대립하는 과정을 거치지요. 넓은 의미에서 토론은 토의까지 포함하는 경우가 많습니다. 토론과 토의 모두 논리적으로 생각 체계를 세우고, 사고력과 창의성을 높이는 데 도움을 준답니다.

토론의 올바른 자세

말하는 사람
1. 자신의 말이 잘 전달되도록 또박또박 말해요.
2. 바닥이나 책상을 보지 말고 앞을 보고 말해요.
3. 상대방이 자신의 주장과 달라도 존중해 주어요.
4. 주어진 시간에만 말을 해요.
5. 할 말을 미리 간단히 적어 두면 좋아요.

듣는 사람
1. 상대방에게 집중하면서 어떤 말을 하는지 열심히 들어요.
2. 비스듬히 앉지 말고 단정한 자세를 해요.
3. 상대방이 말하는 중간에 끼어들지 않아요.
4. 다른 사람과 떠들거나 딴짓을 하지 않아요.
5. 상대방의 말을 적으며 자기 생각과 비교해 봐요.

체계적으로 생각하기

성 인지 감수성이 중요하다고요?

최근 들어 성 인지 감수성의 중요성이 자주 언급되는데요. 다음 대화를 읽고 질문에 답해 보세요.

 엄마, 성 인지 감수성이 뭐예요?

성별 간 불균형에 대한 이해와 지식을 기반으로 일상생활 속에서의 성차별적 요소를 감지해 내는 민감성이야. 어떤 그림 속에서 엄마는 항상 앞치마를 입고, 아빠는 정장에 서류 가방을 들고 있다고 생각해 보렴.

 엄마는 집안일하는 사람으로 아빠는 밖에서 일하는 사람이라는 걸 보여 주는 것 같아요. 그런데 아빠가 집안일 할 수도 있는 거잖아요. 전 좀 이상해요.

그렇게 이상하고 불편한 마음을 느끼는 게 바로 성 인지 감수성이란다.

 그런데 사람마다 이걸 느끼는 게 다를 텐데.

그렇지. 성 인지 감수성은 근본적으로 가치관과 연결되어 있기 때문에 이걸 자연스럽고 즐겁게 키울 수 있는 방법이 필요해.

 공부해야 하는 거예요?

어떤 단체들은 성 역할에 대한 편견 없이 동화책을 다시 읽는 모임을 갖거나 여성주의 영화를 함께 보고 토론하는 모임을 개최하기도 하지. 공부하듯이 감수성을 키우는 게 아니라, 다양한 형식으로 성평등 활동을 하는 거야.

 그런 거라면 저도 친구들과 동화책 다시 읽기부터 해 볼래요!

1. 성 인지 감수성이 무엇인지 정리해 보세요.

2. 도레 엄마는 성 인지 감수성을 어떤 식으로 기르면 좋겠다고 이야기하고 있나요?

3. 어린이 입장에서 성 인지 감수성을 키울 수 있는 방법에는 무엇이 있을지 생각해 보세요.

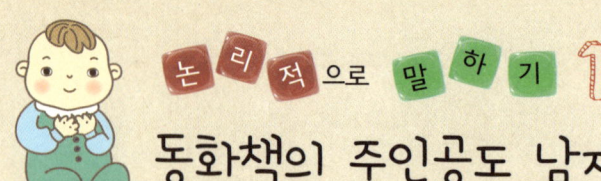

동화책의 주인공도 남자 반, 여자 반이어야 양성평등이 실현되는 걸까요?

이 세상 사람들은 남자 반, 여자 반인데 동화책에 등장하는 주인공의 성별은 남자가 두 배나 된다고 해요. 다음 글을 읽으며 양성평등에 대해 생각하고 각자 의견을 말해 보아요.

대구 여성 가족 재단의 '작은 도서관 사업에 대한 특정 성별 영향 평가'(2018)에 따르면, 대구 지역 도서관 15곳의 최대 대출 아동 도서 100권을 분석했더니 등장인물 중 여성은 38.3%에 불과했다고 해요. 성별에 따른 직업의 고정 관념도 두드러져 분석한 대상 도서 46%가 성별에 따라 직업이 달랐어요.

여성 직업으로는 주부와 교사가 가장 많았고, 그다음은 사서, 간호사, 미용사, 슈퍼 주인, 아나운서 등이 있었지요. 남성 직원으로는 의사·연구원·교수 같은 전문직, 대통령·총리·경찰 등 공권력에 속하는 인물, 오케스트라 지휘자·회장과 같은 리더형 인물 등으로 다양하게 그려졌지요.

우리가 늘 접하는 학교 교과서에서는 여성과 남성의 직업이 어떻게 그려지고 있을까요?

2019년 한 연구원의 조사에 따르면, 교과서 수록 그림책 속 등장인물 295명 중 남성이 120명(40.7%)으로 가장 많았다고 해요.

여성(85명·28.8%)이 중성(90명·30.5%) 인물보다 더 적게 등장한다는 조사 결과는 충격적이기까지 하지요. 게다가 교과서 속 그림책에 등장하는 성인 남성의 53.1%는 직업이 드러나 있었지만, 성인 여성 73.3%는 아예 직업이 없거나 알 수 없었다고 해요.

1. 글에서 분석한 아동 도서에서 성별에 따른 직업은 어떻게 달랐나요?

2. 여러분이 재미있게 읽은 동화책 몇 권을 다시 읽어 보고, 그 속에 남성과 여성의 직업은 어떻게 그려지고 있는지 정리한 뒤 친구와 함께 말해 보세요.

동화책 제목

| 여성의 직업 | 남성의 직업 |

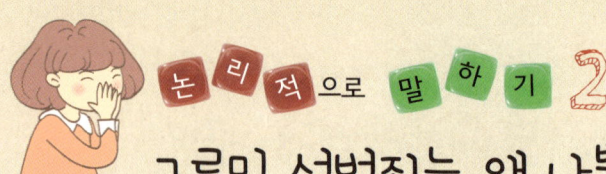

논리적으로 말하기 2
그루밍 성범죄는 왜 나쁠까요?

최근 SNS, 채팅 앱 등으로 그루밍 성범죄가 행해지고 있어 심각한 문제라고 해요. 그루밍 성범죄 예방을 위해서 어떤 노력을 해야 할까요? 아래 글을 읽고 생각해 봅시다.

아동 복지법(아동에 대한 음해 강요·매개·성희롱 등)을 위반한 한 남성이 징역 8개월을 선고받았어요.

이 남자는 한 모바일 채팅 애플리케이션에서 만난 중학생과 SNS로 대화를 주고받았고, 집으로 유인해 성적 학대를 한 혐의로 재판에 넘겨졌지요. 검찰은 이 남자에게 징역 2년을 구형했어요. 그리고 재판부에서는 징역 8개월을 선고한 것이고요. 재판부가 실형을 선고한 이유는 다음과 같아요.

"피고인은 정신적으로 불안정하고 성 인지 능력이 또래보다 떨어지는 어린 아동을 자신의 성적 욕망의 대상으로 삼아 성관계하였고, 성적 학대의 정도가 심하고 해당 범행으로 피해 아동의 건전한 성적·인격적 발달에 심각한 지장을 초래하였음이 분명해 그에 상승하는 처벌이 불가피하다."

하지만 여성 단체는 이에 대한 처벌이 너무 가볍다고 주장해요. 채팅 앱이나 SNS에서 아동에 접근해 사진 등을 주고받으며 신뢰를 쌓은 뒤 성적 학대를 가하는 디지털 그루밍 성범죄가 실제로 만연하다고 보기 때문이에요.

디지털 그루밍 성범죄는 피해자들이 보통 자신이 학대당고 있다는 사실을 인지하지 못하는 경우가 많고, 겉으로 봐서는 성관계에 동의한 것처럼 보이기 때문에 처벌을 면하거나 감형되는 경우가 많아요. 피해 아동은 개명을 할 정도로 피해가 심각한데도 가해자에게 내리는 처벌은 미약하다는 주장이지요. 처벌이 약하기 때문에 비슷한 류의 디지털 그루밍 성범죄가 끊이지 않는다는 의견도 있답니다.

1. 그루밍 성범죄가 어떤 것인지 말해 보세요.

2. 그루밍 성범죄를 막기 위해서는 어떤 법이 있어야 할지 생각을 정리해서 말해 보세요.

3. 그루밍 성범죄를 예방하려면 우리 초등학생은 어떻게 해야 좋을지 말해 보세요.

창의력 키우기

내가 생각하는 성 고정 관념은?

여러분이 생각하는 성 고정 관념에는 어떤 것들이 있나요? '남자답게', '여자답게'라는 말 등으로 일상에서 접하게 되는 말들에는 무엇이 있는지 정리해 보세요.

예시 답안

성 인지 감수성이 중요하다고요?

1. 성별 간의 불균형에 대한 이해와 지식을 기반으로 일상생활 속에서의 성차별적 요소를 감지해 내는 민감성이라고 할 수 있다.
2. 억지로 교육받는 것이 아니라, 개인의 자발적 관심과 활동이 중요하다고 말하고 있다. 그 예로 성 역할에 대한 편견 없이 동화책을 다시 읽어 보거나 여성주의 영화를 함께 보고 토론하는 시간을 갖는 것이다. 수다나 취미 활동처럼 보이더라도 일상에서 재미있게 익혀 자신의 생각과 행동에 내면화되는 것이 중요하다고 이야기한다.
3. 어렸을 때 재미있게 읽었던 그림책이나 동화책을 친구들과 다시 읽어 보면서, 양성평등의 관점에서 문제가 없는지 토론하는 시간을 가져 볼 수 있을 것이다.

동화책의 주인공도 남성 반, 여성 반이어야 양성평등이 실현되는 걸까요?

1. 여성 직업으로는 주부와 교사가 가장 많았고, 사서, 간호사, 미용사, 슈퍼 주인, 아나운서가 그 뒤를 이었다. 반면 남자 직업으로는 의사, 연구원, 교수 같은 전문직, 대통령, 총리, 경찰, 오케스트라 지휘자, 회장 같은 인물로 그려졌다.
2. 책을 직접 선택해서 제목을 쓰고, 그 속에 등장하는 인물들의 직업을 남녀 구분하여 정리해 본다. 그다음 이런 직업의 차이에 어떤 문제가 있는지 친구 또는 부모님과 함께 이야기를 나누어 본다.

그루밍 성범죄는 왜 나쁠까요?

1. 채팅 앱이나 SNS에서 아동에 접근해 사진 등을 주고받으며 신뢰를 쌓은 뒤 성적 학대를 가하는 것이다.
2. 미성년자가 채팅 앱에 가입하지 못하도록 막아야 하며, 어린이나 청소년을 대상으로 하는 성범죄에는 좀 더 강력한 처벌을 했으면 좋겠다. 처벌이 약하기 때문에 어린 친구들에게 접근하는 그루밍 성범죄가 끊이지 않는다고 생각하기 때문이다.
3. 모르는 사람하고는 절대로 SNS로 대화를 주고받지 않는다. 아는 사람이라고 해도 개인의 연락처나 주소, 사진을 달라고 하면 응하지 않는다. 만약 꼭 알려 주어야 할 상황이라면 반드시 부모님과 이야기를 나눈다. 평소에 아무렇지 않게 대화를 나누었더라도 사진 등을 요구하거나 협박할 경우 반드시 부모님이나 선생님에게 알려 도움을 청한다.

"인공지능(AI) 시대의 힘은 수학에서 나온다!"

정가 480,000원

개념 수학 〈1단계〉① 양치기 소년은 연산을 못한대(수와 연산) ② 견우와 직녀가 분수 때문에 싸웠대(수와 연산) ③ 헨젤과 그레텔은 도형이 너무 어려워(도형) ④ 쉿! 신데렐라는 시계를 못 본대(측정) ⑤ 알쏭달쏭 알라딘은 단위가 헷갈려(측정) ⑥ 떡장수 할머니와 호랑이는 구구단을 몰라(규칙성) ⑦ 아기 염소는 경우의 수로 늑대를 이겼어(자료와 가능성) ⑧ 개념 수학 1단계-백점맞는 수학 문장제 〈2단계〉⑨ 가우스, 동화 나라의 사라진 0을 찾아라(수와 연산) ⑩ 가우스는 소수 대결로 마녀들을 물리쳤어(수와 연산) ⑪ 앨런, 분수와 소수로 악당 히들러를 쫓아내라(수와 연산) ⑫ 오일러와 피노키오는 도형大회 1등을 했어(도형) ⑬ 오일러, 오즈의 입체도형 마법사를 찾아라(도형) ⑭ 유클리드, 플라톤의 진리를 찾아 도형 왕국을 구하라(도형) ⑮ 아르키는 어림하기로 걸리버 아저씨를 구했어(측정) ⑯ 페르마, 수리수리 규칙을 찾아라(규칙성) ⑰ 피보나치, 수를 배열해 비밀의 방을 탈출하라(규칙성) ⑱ 파스칼은 통계 정리로 나쁜 왕을 혼내줬어(자료와 가능성) ⑲ 개념 수학 2단계-백점맞는 수학 문장제 〈3단계〉⑳ 약수와 배수로 유령 선장을 이긴 15소년(수와 연산) ㉑ 입체도형으로 수학왕이 된 앨리스(도형) ㉒ 원주율로 떠나는 오디세우스의 수학 모험(측정) ㉓ 비례배분으로 보물섬을 발견한 해적 실버(규칙성) ㉔ 로미오와 줄리엣이 첫눈에 반할 확률은?(자료와 가능성) ㉕ 개념 수학 3단계-백점맞는 수학 문장제

융합 수학 ㉖ 쌍둥이 건물 속 대칭축을 찾아라(건축) ㉗ 열차와 배에서 배수와 약수를 찾아라(교통) ㉘ 스포츠 속 황금 각도를 찾아라(스포츠) ㉙ 옷과 음식에도 단위의 비밀이 있다고?(음식과 패션) ㉚ 꽃잎의 개수에 담긴 수열의 비밀(자연)

창의 수학 ㉛ 퍼즐탐정 셜록홈즈1-외계인 스콜피오스의 음모 ㉜ 퍼즐탐정 셜록홈즈2-315일간의 우주여행 ㉝ 퍼즐탐정 셜록홈즈3-뒤죽박죽 백설공주 구출 작전 ㉞ 퍼즐탐정 셜록홈즈4-'지지리 마란드러'의 방학숙제 대작전 ㉟ 퍼즐탐정 셜록홈즈5-수학자 '더하기를 모테'와 한판 승부 ㊱ 퍼즐탐정 셜록홈즈6-설국언차 기관사 '얼어도 달리능기라' ㊲ 퍼즐탐정 셜록홈즈7-해설 및 정답

개념 사전 ㊳ 수학 개념 사전 1(수와 연산) ㊴ 수학 개념 사전 2(도형) ㊵ 수학개념사전 3(측정/규칙성/자료와 가능성)